RECORDANDO TU
BAUTISMO

«Kathryn Morales le ha regalado a la Iglesia otro devocional fresco y renovador. Esta vez se enfoca en el bautismo. Las Santas Escrituras están empapadas. Este devocional también lo está, y así estará tu vida, si prestas atención. Morales explora las alusiones bíblicas al bautismo y luego aplica esas promesas a nuestra vida. Esto es lo que distingue los devocionales de Morales: se centran en la promesa de la gracia de Cristo entregada a los pecadores. ¡Siempre sobre la promesa!».

—Rev. Dr. Michael Berg,
Profesor de Teología, Wisconsin Lutheran College

«*Recordando tu bautismo* es una lectura increíblemente edificante que no solo enseña, sino que consuela. Una y otra vez, Kathryn encuentra a Cristo en su sacramento. El bautismo es, sencillamente, Jesús para los pecadores. En un mercado saturado de devocionales que exigen que hagamos más por Jesús, durante cuarenta días escuchamos, en cambio, el evangelio. Jesús hace toda la obra, y así el bautismo se convierte en un lugar donde la obra de Cristo es para ti. El diseño de la semana de ocho días anima brillantemente al lector a no medir el tiempo por lo que se debe hacer, sino a vivir atado a la promesa de Dios de una nueva creación, que ya es nuestra en el bautismo».

—Harrison Goodman,
Ejecutivo de Contenidos, Higher Things

«Kathryn Morales nos ha dado un recordatorio maravilloso del don siempre presente del santo bautismo en estos devocionales diarios. Centrados en la verdad de las Santas Escrituras y en lo que ellas dicen sobre Cristo por nosotros en el agua y la Palabra, este libro es una adición fantástica a la disciplina cuaresmal del lector, y puede ser retomado en años futuros como consuelo y seguridad de que nuestro Señor siempre está con nosotros».

—Pr. Duane Bamsch,
Iglesia Luterana Grace, Grass Valley, CA,
Asuntos superiores para la juventud luterana

«Martín Lutero dijo una vez que "todo cristiano tiene suficiente en el bautismo para aprender y practicar durante toda su vida". El devocional de Kathy titulado *Recordando tu bautismo* nos ayuda en esta tarea al llevarnos a una profunda inmersión en el océano de la Palabra de Dios, donde contemplamos las maravillosas obras y promesas de Dios que se reúnen en el santo bautismo para el pueblo de Dios. Su libro te ayudará a "aprender y practicar" lo que significa estar bautizado al leer estas maravillosas devociones centradas en Cristo y empapadas de la Escritura».

—Pastor Mark Buetow,
Iglesia y Escuela luterana Zion,

«Leer y digerir espiritualmente *Recordando tu bautismo* es un viaje inolvidable lleno de fe. La autora Kathryn Morales realmente sabe cómo dar forma a las palabras, brindando percepciones bíblicas encantadoras sobre la realidad fundamental del bautismo. *Recordando tu bautismo* energiza devocionalmente al lector al ayudarle a apreciar cómo el arrepentimiento es un retorno al bautismo y a la verdadera identidad como hijo de Dios perdonado. ¡Este libro es el remedio contra la tentación de superar y dejar atrás el bautismo!».

—Joel Pless, Ph. D., Profesor de Teología,
Wisconsin Lutheran College

RECORDANDO TU BAUTISMO

UN DEVOCIONAL DE 40 DÍAS

PARTE DE LA SERIE DEVOCIONAL
SANTO PECADOR

KATHRYN MORALES

Prólogo de
DONAVON RILEY

Recordando tu bautismo: Un devocional de 40 días
Kathryn Morales

Publicado por
1517 Publicaciones
PO Box 54032
Irvine, CA 92619-4032

ISBN 978-1-964419-89-3 (paperback)
ISBN 978-1-964419-90-9 (ebook)

Traducido del libro *Remembering Your Baptism: A 40-Day Devotional*

Publicado por 1517 Publishing
Traducción por Jeffrey Stevenson

A mi esposo, Ryan

Contenido

SEMANA TRES

SEMANA CUATRO

SEMANA CINCO

Prólogo

Hay un ritmo en el bautismo. Ángeles, arcángeles y toda la compañía celestial cantan. El Espíritu Santo marca el compás, cumpliendo su promesa hasta el final. Y nosotros, los bautizados amados del Padre, luchamos contra el pecado en nuestras vocaciones terrenales, danzando con Cristo Jesús en la adoración.

El bautismo no es solo una frase en la Biblia: «Arrepiéntase y bautícese cada uno de ustedes en el nombre de Jesucristo para perdón de sus pecados, y recibirán el don del Espíritu Santo. En efecto, la promesa es para ustedes, para sus hijos y para todos los que están lejos» (Hechos 2:38-39). No es una condena en prisión esperando un indulto celestial. Es un juicio.

Nosotros, los de corazón afligido, los quebrantados, los despojos estropeados de la caída, somos juzgados por Dios. Nuestra inmadurez es nuestro pecado personal. Somos más parecidos al lobo que al Pastor. No se nos presenta un camino fácil en la Biblia. Así que avanzamos con dificultad hacia la fuente, listos para recibir lo que nos toca. Luego viene el juicio, el agua, las palabras, la paloma salvaje descendiendo sobre nosotros. ¡Perdón! ¡Vida! ¡Salvación eterna!

El bautismo es un regreso al génesis de nuestros comienzos.

En el séptimo día, Dios descansó en su templo. En el séptimo día, Jesús descansó. Pero en el octavo día, Jesús resucitó de entre los muertos. ¿Por qué? Porque el octavo día simboliza la eternidad. El bautismo es un evento del octavo día, una eternidad de juicio que nos declara libres del pecado, de la muerte y del azote del infierno. Pero, de este lado de la resurrección, todavía debemos someternos a las exigencias del reloj, cuyos tictacs constantes nos recuerdan que Jesús aún no ha regresado. Así que durante seis días trabajamos, y en el séptimo descansamos, todo mientras vivimos por fe en el octavo día, nuestro día bautismal, el día de nueva vida.

Ese es el tema de este libro. Kathryn Morales ha escrito un devocional de cuarenta días compuesto por cinco semanas de ocho días, resultando en un libro que invita a los lectores a encontrarse con la Palabra y las obras de Dios desde el primer día de la semana —cuando Dios separó la luz de las tinieblas y María Magdalena llegó al sepulcro— hasta el séptimo día, cuando Dios descansó en una tumba, su templo santo, sin detenerse hasta llevarnos con seguridad al octavo día: esperanza y gozo eternos. Jesús rompe el patrón de la semana de siete días, ¿por qué no habríamos de hacerlo nosotros, especialmente en nuestras devociones diarias?

En el octavo día podemos deleitarnos en un cosmos lleno de sentido. Los bordes, las zanjas, los fosos y los límites han sido eliminados. Ahora todo son manantiales y montes sagrados para quienes están bautizados en Cristo Jesús. El muro de espinas ha sido removido. Las puertas del paraíso están abiertas. El árbol de la vida produce fruto al alcance de nuestra mano. Nuestro Salvador hará con nosotros lo que le plazca, a su ritmo, llevados por corrientes de gracia y misericordia.

Esta es nuestra vida ahora. Con los ojos llenos de lágrimas, las ropas empapadas. Éxtasis del octavo día. Lo que viene después, tal vez no podamos imaginarlo. Pero, en lo que sigue, la autora utiliza las palabras de la Escritura para pintar un cuadro glorioso de la vida bautismal. La Biblia la describe como hermosa, tierna, urgente, sangrienta, a veces silenciosa, a veces torpe, pero siempre apasionante. Y, sin embargo, al mismo tiempo, cada relato bíblico, cada lectura diaria, enfoca nuestra atención en una misma verdad: «el bautismo que ahora los salva también a ustedes» (1 Pedro 3:21).

Este libro es para nuestro consuelo, para darnos aliento en medio de las luchas diarias, cuando estamos recibiendo golpes, buscando calmar nuestra sed en un lecho seco de lago. Cuando las tormentas de la vida se burlan de nosotros, este devocional es una invitación a huir al templo de nuestro Señor para encontrar descanso y ser renovados.

Así que apaga el celular, respira profundamente y recuerda tu bautismo. Déjate caer en los brazos de tu Padre celestial y lee las Escrituras junto a Kathy Morales. Reflexiona sobre cómo el bautismo, a través del agua sencilla y la Palabra deslumbrante de Dios, cada día te sumerge y te lava para darte una vida nueva en Cristo Jesús.

Donavon Riley

Comprendiendo la estructura única de este devocional

EL PRIMER DÍA DE LA SEMANA MARÍA MAGDALENA FUE TEMPRANO AL SEPULCRO, CUANDO TODAVÍA ESTABA OSCURO, Y VIO QUE LA PIEDRA YA HABÍA SIDO QUITADA DEL SEPULCRO.

—Juan 20:1

El acto de la creación tuvo lugar a lo largo de seis días, culminando con el descanso de Dios en el séptimo. Esta estructura fundamental de siete días es la que sustenta nuestra comprensión de la semana.

Sin embargo, la estructura única de este devocional lo distingue de la semana tradicional de siete días. En lugar de una semana típica, este devocional bautismal está compuesto por cinco semanas de ocho días, lo que da como resultado un devocional de cuarenta días.

El ritmo de la resurrección: ¿Por qué semanas de ocho días?

La Iglesia ha observado desde hace tiempo que, con su resurrección, Jesús rompe el patrón de la semana de siete días. Después de haber completado su obra de salvación en el sexto día —el viernes santo—, descansa de sus labores en el día de reposo, el séptimo día. Es en el primer día de la semana, ese nuevo octavo día, cuando tiene lugar su resurrección de entre los muertos. Este devocional está compuesto por semanas de ocho días para reflexionar sobre ese octavo día de la resurrección. Es esa conexión salvífica entre la resurrección de Jesús y nuestro propio bautismo la que resalta la importancia del octavo día.

A salvo en el arca bautismal: ¿Por qué cinco semanas?

A través del bautismo, nacemos de nuevo y somos introducidos en este octavo día. Somos salvados, como fueron salvadas las ocho personas en el arca, por medio del agua y la promesa de Dios. El apóstol Pedro escribe en su epístola: «quienes en otro tiempo fueron desobedientes cuando la paciencia de Dios esperaba en los días de Noé durante la construcción del arca, en la cual unos pocos, es decir, ocho personas, fueron salvadas por medio del agua. Y correspondiendo a esto, el bautismo ahora los salva a ustedes, no quitando la suciedad de la carne, sino como una petición a Dios de una buena conciencia, mediante la resurrección de Jesucristo» (1 Pedro 3:20-21).

Así como aquellos ocho santos fueron guardados con seguridad en el arca durante cuarenta días y cuarenta noches, también nosotros somos guardados en Cristo, nuestro arca. Este devocional está compuesto por cinco semanas de ocho días para reflexionar sobre esos cuarenta días del diluvio.

Formas de leer este devocional

Teniendo en cuenta el ritmo de nuestras semanas de siete días, existen tres formas de abordar la lectura de este devocional.

La primera es seguir el formato original de cinco semanas. El séptimo día puede leerse por la mañana del día correspondiente, y el octavo día por la tarde del mismo día. Esto implicaría leer dos devocionales el séptimo día.

La segunda opción consiste en leer un devocional por día, sin considerar la división semanal, lo que da como resultado un devocional de cuarenta días.

La tercera opción es vivir en la libertad de tu vida bautismal y leer a tu ritmo. Tómate tiempo para leer la Escritura y reflexionar sobre cómo el bautismo, por medio del agua y la Palabra, te sumerge y te lava cada día para darte una vida nueva en Cristo.

SEMANA UNO

En el principio

EN EL PRINCIPIO DIOS CREÓ LOS CIELOS Y LA TIERRA. LA TIERRA ESTABA SIN ORDEN Y VACÍA, Y LAS TINIEBLAS CUBRÍAN LA SUPERFICIE DEL ABISMO, Y EL ESPÍRITU DE DIOS
SE MOVÍA SOBRE LA SUPERFICIE DE LAS AGUAS.
ENTONCES DIJO DIOS: «SEA LA LUZ».
Y HUBO LUZ.

—Génesis 1:1-3

En el principio había agua y la Palabra de Dios. Mientras el Espíritu se movía sobre las aguas, el Padre envió su Palabra al vacío informe y dijo: «Que haya luz», y hubo luz. La Palabra de Dios tiene el poder de hacer surgir lo que proclama.

Al comienzo de su evangelio, el apóstol Juan escribe que esa Palabra de Dios que creó todas las cosas es Jesús. Juan refleja el inicio de Génesis al redactar su relato.

> En el principio ya existía el Verbo, y el Verbo estaba con Dios, y el Verbo era Dios. Él estaba en el principio con Dios. Todas las cosas fueron hechas por medio de él, y sin él nada de lo que ha sido hecho, fue hecho. En él estaba la vida, y la vida era la luz de los hombres (Juan 1:1-4).

En el principio, Jesús estaba allí con el Padre y el Espíritu, creando todas las cosas para nosotros. En su epístola, el apóstol Pedro afirma: «Pues cuando dicen esto, no se dan cuenta de que los cielos existían desde hace mucho tiempo, y también la tierra, surgida del agua y establecida entre las aguas por la Palabra de Dios» (2 Pedro 3:5).

El mismo Espíritu que se movía sobre las aguas en la creación, se mueve sobre las aguas de nuestro bautismo. El mismo Padre que envió su Palabra al vacío informe y dijo: «Que haya luz», envía su Palabra al vacío informe de nuestro corazón cuando somos bautizados en el nombre del Padre, del Hijo y del Espíritu Santo. El apóstol Pablo escribe: «Pues Dios, que dijo: "De las tinieblas resplandecerá la luz", es el que ha resplandecido en nuestros corazones, para iluminación del conocimiento de la gloria de Dios en el rostro de Cristo» (2 Corintios 4:6).

El bautismo es más que un simple símbolo. El bautismo es una promesa. Es la promesa de que, por medio del agua y la Palabra de Dios, somos recreados. Somos unidos a Cristo y recibimos nueva vida en él. Nuestros pecados son perdonados, y hemos sido hechos hijos de Dios. Por medio del agua y la Palabra, la obra de Jesús nos es entregada.

La Palabra de Dios tiene el poder de hacer surgir lo que proclama en el bautismo. El profeta Isaías escribe: «Así será mi palabra que sale de mi boca, no volverá a mí vacía sin haber realizado lo que deseo, y logrado el propósito para el cual la envié» (Isaías 55:11).

El bautismo es una promesa que depende de la obra de Cristo a nuestro favor y de la promesa de Dios para nosotros, por medio del agua y la Palabra. A pesar de nuestro pecado, la Palabra de Dios cumple su propósito para nuestra salvación. Podemos tener la certeza de nuestra salvación porque hemos sido bautizados.

Con agua común unida a su Palabra eficaz, Dios crea fe. Él sostiene esta fe bautismal por medio del Espíritu Santo que nos ha sido dado en el bautismo.[1] El padre de la Iglesia primitiva, Tertuliano, conecta de forma hermosa la acción del Espíritu en el bautismo con el Espíritu en la creación, cuando escribe: «El Espíritu de Dios, que desde el principio se cernía sobre las aguas, continuaría posándose sobre las aguas de los bautizados».[2]

La Trinidad que creó todas las cosas nos ha recreado por gracia en Cristo, mediante el don del bautismo. Hemos sido marcados y nombrados como pertenecientes al Padre, al Hijo y al Espíritu Santo. Esta Palabra externa pronunciada sobre

---

[1] Tito 3:5-6.

[2] Tertuliano, *On Baptism*. Lighthouse Christian Publishing, 2015, p. 8.

nosotros en el bautismo nos asegura que nuestros pecados han sido perdonados, que somos hijos de Dios y que resucitaremos con Cristo, nuestro Señor, en la resurrección. El pecado, la muerte y el diablo no tienen poder sobre nosotros; ya no pueden acusarnos: ¡estamos bautizados en Cristo!

Padre celestial, por tu Palabra creaste todas las cosas. Te damos gracias porque, por medio del agua y tu Palabra en el santo bautismo, has creado nueva vida en nosotros por medio de tu Hijo. Por tu gracia, consérvanos en tu familia bautizada, para que cada día muramos al pecado y resucitemos a la nueva vida que nos has dado en Cristo, y así podamos amar y servir a nuestro prójimo. Amén.

PARA SEGUIR REFLEXIONANDO, LEE JUAN 1:1-18.

Una fortaleza acuática

Y CORRESPONDIENDO A ESTO, EL BAUTISMO AHORA LOS SALVA A USTEDES, NO QUITANDO LA SUCIEDAD DE LA CARNE, SINO COMO UNA PETICIÓN A DIOS DE UNA BUENA CONCIENCIA, MEDIANTE LA RESURRECCIÓN DE JESUCRISTO.

—1 Pedro 3:21

La nave que el carpintero construyó con sus propias manos resistió las aguas del juicio de Dios. Durante cuarenta días y cuarenta noches, la tierra se ahogó bajo las lluvias del juicio divino. La maldad del mundo fue tragada por las olas de una muerte acuática.

Noé había construido esta arca de salvación por mandato del Señor. Mientras la tormenta rugía alrededor del arca, la familia de Noé —ocho personas que se habían refugiado dentro de su abrazo de madera de gofer— permanecía a salvo. Las aguas del diluvio, que trajeron muerte a todo ser viviente sobre la tierra, fueron las mismas aguas que sostuvieron a esta congregación de ocho.

Después de cuarenta días y cuarenta noches, las aguas del diluvio elevaron esta arca de la fe muy por encima de la tierra. El Señor había borrado de la faz de la tierra a la humanidad pecadora y a todos los seres vivientes mediante las aguas del juicio. Todo lo que quedó fue Noé, su familia y las criaturas vivas dentro del arca.

El Señor recordó su promesa a sus santos y envió un viento para secar las aguas del diluvio. A medida que las aguas comenzaron a disminuir, el arca se posó sobre una montaña. Con el tiempo, mientras las aguas retrocedían y la vegetación reaparecía, una paloma enviada por Noé regresó con una hoja fresca de olivo.

En su primera epístola, el apóstol Pedro traza una línea directa entre este relato del diluvio en Génesis y el bautismo. Este pasaje de Génesis está impregnado de imágenes bautismales. Las aguas del diluvio, que trajeron muerte al mundo pecador y vida a los que se refugiaron en el arca, ilustran el verdadero poder salvador de Cristo en el bautismo.

Jesús es nuestro Noé mayor. Él es enviado por Dios para prepararnos un refugio en medio de la tormenta. Nuestro carpintero construye para nosotros una fortaleza acuática con sus propias manos traspasadas por clavos. Cuando el juicio de Dios por nuestro pecado descansó sobre el monte

Calvario, agua brotó del costado de nuestro refugio acuático.[3] Permanecemos seguros del justo juicio de Dios dentro del arca de Cristo.

Jesús soportó la ira de Dios por nuestro pecado, y nosotros, que estamos en Cristo, somos salvos de esas olas de juicio. Nuestra liberación llega por medio del agua unida a la Palabra de Dios.

Así como Noé halló gracia ante los ojos de Dios, también nosotros hallamos paz y favor por medio de la obra de Cristo a nuestro favor. El bautismo ahora nos salva, escribe Pedro, «Y correspondiendo a esto, el bautismo ahora los salva a ustedes, no quitando la suciedad de la carne, sino como una petición a Dios de una buena conciencia, mediante la resurrección de Jesucristo» (1 Pedro 3:21).

En la tumba acuosa del bautismo, nuestro viejo Adán se ahoga y muere. Así como el Señor borró de la tierra todo ser viviente, así también borra nuestros pecados. Ya no existen. Nuestras transgresiones fueron absorbidas en la muerte de Cristo y sepultadas en su tumba. El Señor dice: «Yo, yo soy el que borro tus transgresiones por amor a mí mismo, y no recordaré tus pecados» (Isaías 43:25).

El bautismo ahora nos salva, pero no por ninguna obra de nuestra parte. Pedro puede hablar de la obra salvadora del bautismo porque es obra exclusiva del Padre, del Hijo y del Espíritu Santo a nuestro favor.

---

[3] Juan 19:34.

Las olas del juicio de Dios no pueden hacernos daño en Cristo. Somos llevados sobre las olas del bautismo, acunados por el arca que es el mismo Cristo, hasta las orillas de la resurrección.

El Espíritu Santo nos es dado como garantía de nuestra nueva vida en Cristo. Así como la paloma regresó a Noé con una hoja fresca de olivo, confirmando que la vida nueva había emergido de la muerte, así también el Espíritu Santo nos da seguridad con la promesa de la vida eterna en Cristo nuestro Señor.

Al recordar nuestro bautismo, recordamos al Dios que se acuerda de nosotros. En el Dios misericordioso en quien Noé halló gracia, también nosotros hallamos gracia mediante la obra de Cristo. Nuestros pecados son lavados en las aguas del bautismo. Nuestras transgresiones son borradas mientras permanecemos seguros en la fortaleza acuosa que es Cristo. Por el don del Espíritu Santo, tenemos la certeza de que en Cristo hemos recibido la vida eterna por medio de su muerte a nuestro favor.

Padre celestial, por tu Palabra creaste todas las cosas. Te damos gracias porque, mediante el agua y tu Palabra en el santo bautismo, has creado nueva vida en nosotros por medio de tu Hijo. Guárdanos con gracia en tu familia bautizada, para que cada día muramos al pecado y resucitemos a la nueva vida que nos has dado en Cristo, a fin de que amemos y sirvamos a nuestro prójimo. Amén.

PARA SEGUIR REFLEXIONANDO, LEE GÉNESIS 8:1-19.

La roca herida

Y TODOS BEBIERON LA MISMA BEBIDA
ESPIRITUAL, PORQUE BEBÍAN
DE UNA ROCA ESPIRITUAL QUE LOS SEGUÍA.
LA ROCA ERA CRISTO.

—1 Corintios 10:4

El Antiguo Testamento está lleno de imágenes bautismales. Cristo está presente continuamente en medio de su pueblo, incluso antes de su encarnación. Los textos empapados del evangelio en el Antiguo Testamento anticipan la obra de Cristo a favor de los pecadores.

El apóstol Pablo lleva a sus lectores de regreso al desierto del Sinaí. En su primera carta a la iglesia en Corinto, Pablo vuelve al libro del Éxodo, un libro impregnado del evangelio. A lo largo de este libro del Antiguo Testamento, Dios preserva una y otra vez a su pueblo.

El Señor sacó a su pueblo de la tierra de Egipto, liberándolos de su esclavitud. Mientras las calles se teñían de rojo con los dinteles de las puertas pintados con la sangre de un cordero, la promesa del Señor de pasar por alto a los marcados con la sangre del cordero salvó la vida de sus primogénitos (Éxodo 12:7).[4]

El Señor peleó por su pueblo al dividir las aguas del mar Rojo, llevando a Israel con seguridad a través del cruce sobre tierra seca. Cuando sus captores los siguieron, el Señor hizo que las aguas del mar Rojo se derrumbaran sobre los ejércitos del faraón, tragándolos en el agua.

El Señor siempre proveyó y peleó por su pueblo; sin embargo, ellos continuamente murmuraban contra él. Aun así, el Señor fue misericordioso. Cuando a Israel le faltaba agua, el Señor hizo milagrosamente que el agua amarga se volviera dulce para beber (Éxodo 15:25).[5] Cuando los estómagos hambrientos llegaron a Moisés, el Señor hizo llover pan del cielo (Éxodo 16:4).[6]

A lo largo del libro de Éxodo, una cosa se vuelve evidente: incluso en medio de su incredulidad y murmuración, el Señor siempre proveyó.

El apóstol Pablo retoma el relato en Éxodo cuando los israelitas nuevamente se encuentran sin agua. En lugar de acudir al Señor para que proveyera, volvieron a protestar contra

---

[4] Éxodo 12:7.

[5] Éxodo 15:25.

[6] Éxodo 16:4.

Moisés. Cuando Moisés, frustrado con el pueblo de Dios, clamó: «Y clamó Moisés al Señor y dijo: "¿Qué haré con este pueblo? Un poco más y me apedrearán"» (Ex 17:4), el Señor respondió: «"Yo estaré allí delante de ti sobre la peña en Horeb. Golpearás la peña, y saldrá agua de ella para que beba el pueblo". Y así lo hizo Moisés en presencia de los ancianos de Israel» (Éxodo 17:6).

Moisés hizo tal como el Señor le había ordenado, y de la roca herida brotó agua que daba vida. Pablo dice: «... La roca era Cristo» (1 Corintios 10:4).

Así como el Señor proveyó para su pueblo desde el costado de la roca herida, también nosotros recibimos vida del costado traspasado de nuestra Roca, Cristo (Jn 19:34).[7] De esta Roca fluyen las aguas que dan vida en el Santo Bautismo.

El Señor provee, aun en medio de nuestra incredulidad y murmuración. Así como el apóstol Pablo afirmó que esta Roca acompañaba a los hijos de Israel, también nuestra Roca ha prometido estar con nosotros (Mt 28:20).[8] El himnólogo George Bourne evoca esta imagen con gran belleza al escribir:

> *«Maná celestial que da vida, roca herida con costado abierto, el cielo y la tierra con fuerte hosanna te adoran, Cordero muerto».*[9]

---

[7] Juan 19:34.

[8] Mateo 28:20.

[9] George Bourne, *Himno 534*, en *Lutheran Service Book: Pew Edition*. Concordia Publishing House, 2006, p. 534.

Nuestra roca herida nos da vida por medio del agua y la Palabra. Él nos da el maná celestial de su propio cuerpo y sangre (Jn 6:32-35).[10] En estos dones, Jesús, nuestra Roca herida, perdona nuestros pecados y nos promete vida eterna con él.

Padre celestial, por tu Palabra creaste todas las cosas. Te damos gracias porque, mediante el agua y tu Palabra en el Santo Bautismo, has creado nueva vida en nosotros por medio de tu Hijo. Guárdanos con gracia en tu familia bautizada, para que cada día muramos al pecado y resucitemos a la nueva vida que nos has dado en Cristo, y así amemos y sirvamos a nuestro prójimo. Amén.

PARA SEGUIR REFLEXIONANDO, LEE ÉXODO 17:1-7.

[10] Juan 6:32-35.

Sermones saturados

ENTONCES FELIPE, COMENZANDO CON ESTE PASAJE DE LA ESCRITURA, LE ANUNCIÓ EL EVANGELIO DE JESÚS.

—Hechos 8:35

La pregunta de Felipe interrumpió la desconcertante contemplación del etíope. Este viajaba de regreso a casa desde Jerusalén mientras iba sentado en su automóvil leyendo al profeta Isaías. Pero las palabras del profeta le resultaban incomprensibles. Enviado por el Espíritu Santo, Felipe le preguntó: «... ¿entiende usted lo que lee?». El etíope respondió a la pregunta de Felipe: «¿cómo podré, a menos que alguien me guíe?» (Hechos 8:3031).

La pregunta de Felipe condujo a una invitación por parte del etíope para que lo acompañara y profundizaran juntos en las palabras del profeta Isaías. Así pues, leyeron juntos el siguiente pasaje:

> Fue oprimido y afligido, pero no abrió su boca. Como cordero que es llevado al matadero, y como oveja que ante sus trasquiladores permanece muda, él no abrió su boca. Por opresión y juicio fue quitado; y en cuanto a su generación, ¿quién tuvo en cuenta que él fuera cortado de la tierra de los vivientes por la transgresión de mi pueblo, a quien correspondía la herida? (Isaías 53:78).

El etíope, un gentil y extranjero respecto a la fe y a las Escrituras judías, le preguntó a Felipe: «Le ruego que me diga ¿de quién dice esto el profeta? ¿De sí mismo, o de algún otro?» (Hch 8:34). Felipe procedió a llevar al etíope directamente a Jesús, comenzando con esta lectura del profeta Isaías.

Felipe, enviado por el Espíritu Santo al etíope, le anunció las buenas noticias acerca de Jesús. No se limitó a explicarle las Escrituras al etíope, sino que le mostró cómo todo apuntaba a Jesús.

Felipe conocía las Escrituras. Pero, más importante aún, por el don del Espíritu Santo, sabía de quién hablaban las Escrituras. Una de las primeras interacciones registradas con Felipe se encuentra en el Evangelio de Juan. Al ser llamado por Jesús, Felipe encontró a su amigo Natanael y, entusiasmado, quiso llevarlo a Jesús. Le dijo: «Hemos hallado a aquel de quien escribió Moisés en la Ley, y también los profetas, a Jesús de Nazaret, el hijo de José» (Jn 1:45). Felipe llevó a su amigo Natanael a Jesús, tal como llevó al etíope a Jesús. Por la obra del Espíritu Santo, Felipe llevaba constantemente a quienes encontraba al encuentro con Jesús.

Cuando las Escrituras fueron abiertas al etíope, revelándole la obra salvadora de Jesús a su favor, se encontraron con agua en su camino de regreso a África. El etíope exclamó: «Ahí hay agua. ¿Qué impide que yo sea bautizado?» (Hechos 8:36).

Las buenas noticias acerca de Jesús llevaron al etíope directamente a las aguas del bautismo. El sermón de Felipe sobre Isaías estaba saturado de la obra de Jesús. A medida que los ojos del etíope eran abiertos por la predicación fiel y la obra del Espíritu Santo, fue conducido a las aguas del bautismo para recibir al mismo Jesús que le había sido anunciado. Fue llevado a las aguas del bautismo, donde le serían entregadas todas las promesas de Jesús.

Por la obra del Espíritu Santo, también nosotros somos llevados a las aguas del Santo Bautismo. Así como el Espíritu Santo envió a Felipe para proclamar el evangelio al etíope, también nos envía pastores fieles que proclaman las buenas noticias de Jesús y su obra por nosotros. Por medio de esta proclamación, la Palabra de Dios crea y sostiene la fe en la obra de Cristo a nuestro favor.

Como hijos bautizados de Dios, constantemente se nos señala de nuevo hacia nuestro bautismo. La obra de Cristo nos fue entregada de forma personal cuando fuimos bautizados en el nombre del Padre, del Hijo y del Espíritu Santo. Se nos ha prometido el perdón de todos nuestros pecados —pasados, presentes y futuros— por medio de este don del bautismo. En la proclamación del evangelio, nuestros ojos son dirigidos continuamente a la fuente bautismal donde nuestro Señor nos reclamó como suyos.

Padre celestial, por tu Palabra creaste todas las cosas. Te damos gracias porque, mediante el agua y tu palabra en el Santo Bautismo, has creado nueva vida en nosotros por medio de tu Hijo. Guárdanos con gracia en tu familia bautizada, para que cada día muramos al pecado y resucitemos a la nueva vida que nos has dado en Cristo, y así amemos y sirvamos a nuestro prójimo. Amén.

PARA SEGUIR REFLEXIONANDO, LEE HECHOS 8:26-40.

La señal de Jonás

Y EL SEÑOR DISPUSO UN GRAN PEZ
QUE SE TRAGARA A JONÁS; Y JONÁS ESTUVO
EN EL VIENTRE DEL PEZ TRES DÍAS Y TRES NOCHES.

—Jonás 1:17

La palabra del Señor vino a Jonás y le dijo: «Levántate, ve a Nínive, la gran ciudad, y proclama contra ella, porque su maldad ha subido hasta mí» (Jon 1:2). Así que Jonás se levantó. Sabía muy bien de la misericordia de Dios. Jonás confesó: «Y oró al Señor: "¡Ah Señor! ¿No era esto lo que yo decía cuando aún estaba en mi tierra? Por eso me anticipé a huir a Tarsis. Porque yo sabía que tú eres un Dios clemente y compasivo, lento para la ira y rico en misericordia, y que te arrepientes del mal anunciado"» (Jon 4:2). Y por eso no quería ir.

Jonás se negó a ir al país lejano de Nínive. Se negó a predicarle a un pueblo que vivía en pecado, de manera desenfrenada y alocada. Jonás se negó a ir a Nínive, la capital de Asiria, enemigo del pueblo de Israel. En lugar de dirigirse hacia Nínive, como el Señor le había ordenado, Jonás partió rumbo a Tarsis, lo más lejos que podía de Nínive.

Pero mientras el profeta rebelde y desafiante emprendía su viaje hacia Tarsis, el Señor fue con él. El salmista, el rey David, escribió: «¿Adónde me iré de tu Espíritu, o adónde huiré de tu presencia? Si subo a los cielos, allí estás tú; si en el Seol preparo mi lecho, allí tú estás» (Sal 139:7-8). Jonás no puede huir de la presencia del Señor. Si iba a Nínive, el Señor estaría allí. Si huía a Tarsis, el Señor también estaría allí.

En su misericordia, el Señor envió una tormenta sobre el mar Mediterráneo, donde Jonás viajaba. Tras confesar su pecado a la tripulación, pidió ser arrojado al mar. Y cuando lo echaron, el mar se calmó de inmediato. Los marineros se salvaron. En cuanto a Jonás, un gran pez fue enviado para tragarse al profeta fugitivo de Dios durante tres días y tres noches en las profundidades del mar.

Mientras Jonás se encontraba en las profundidades acuáticas del mar, clamó al Señor desde su tumba en el vientre del pez. El Señor tuvo misericordia de Jonás y, al tercer día, fue resucitado cuando el pez lo vomitó en tierra firme.

Cuando los escribas y fariseos le pidieron a Jesús una señal, él les respondió: «Pero Él respondió: «Una generación perversa y adúltera demanda señal, y ninguna señal se le dará, sino la señal de Jonás el profeta; porque como estuvo Jonás en el vientre del monstruo marino tres días y tres noches, así estará el Hijo del Hombre tres días y tres noches en el corazón de la tierra» (Mateo 12:39-40).

De todos los profetas del Antiguo Testamento, Jesús señala a Jonás como la señal que recibirán. Jonás, el profeta enviado a predicar a los enemigos de Israel, que fue sepultado en el vientre del pez y resucitó al tercer día, es la señal que se les dará. Jesús les declaró: «... y miren, algo más grande Jonás está aquí» (Mateo 12:41).

El libro de Jonás ilustra la misericordia y el amor inagotable de nuestro Dios, que persigue incluso a sus enemigos. Hará que su profeta predique en la ciudad de Nínive para que se arrepientan y reciban misericordia. El Señor, que es lento para la ira y grande en amor fiel, muestra misericordia a Jonás, el profeta fugitivo, y también a nosotros.

Jesús es nuestro Jonás mayor. Aunque no tenía pecado, fue hecho pecado por nosotros y fue arrojado al mar de la ira y el juicio de Dios en nuestro lugar.[11] El profeta Miqueas escribe: «Volverá a compadecerse de nosotros, eliminará nuestras iniquidades. Sí, arrojarás a las profundidades del mar todos nuestros pecados» (Mi 7:19). Hemos sido librados del castigo por nuestro pecado, pues Jesús fue tragado por la muerte en nuestro lugar. Así como Jonás salió de su tumba acuática al tercer día, también Jesús resucitó al tercer día.

---

[11] 2 Corintios 5:21.

Así como Jonás fue salvado por el pez que había sido designado para tragárselo y preservar su vida, nosotros también hemos sido tragados por nuestro gran pez en las aguas del bautismo. En el agua y la palabra del bautismo, somos tragados en el nombre del Padre, del Hijo y del Espíritu Santo, y permanecemos seguros en Cristo, nuestro pez.

Nuestro Señor nos llamó por nombre y nos persiguió en las aguas de nuestro bautismo. Ha arrojado nuestros pecados a las profundidades del mar, y hemos sido librados de la tormenta del justo juicio de Dios por nuestros pecados. Dios nos salva en nuestro gran pez, Jesús, y en el día final, también nosotros seremos vomitados de la tumba a la vida eterna.

Padre celestial, por tu Palabra creaste todas las cosas. Te damos gracias porque, por medio del agua y tu Palabra en el santo bautismo, has creado nueva vida en nosotros por medio de tu Hijo. Guárdanos con gracia en tu familia bautizada, para que muramos cada día al pecado y resucitemos a la nueva vida que nos has dado en Cristo, para que podamos amar y servir a nuestros prójimos. Amén.

PARA SEGUIR REFLEXIONANDO, LEE LUCAS 15:11-32.

Marcados con la cruz

COSAS QUE SOLO SON SOMBRA DE LO QUE HA DE VENIR, PERO EL CUERPO PERTENECE A CRISTO.

—Colosenses 2:17

Muchas de las fiestas y celebraciones históricas del Antiguo Testamento están impregnadas de los relatos de la fiel liberación y misericordia de Dios. En estas celebraciones, el pueblo de Dios miraba hacia atrás, recordando sus promesas y el cumplimiento de esas promesas. La Pascua, que se celebraba cada año, es uno de esos relatos.

La historia de la Pascua comienza en Éxodo, el segundo libro del Antiguo Testamento. En este libro se narra cómo Dios liberó a su pueblo, que había sido esclavizado en Egipto durante cuatrocientos años. Dios se acordó de su pueblo y lo sacó de su cautiverio para llevarlo a una tierra nueva. Por medio de su siervo Moisés, el Señor obró maravillas y envió plagas sobre los egipcios, sus opresores. El objetivo culminante de esta liberación fue la Pascua.

Como última plaga, el Señor trajo la muerte de los primogénitos sobre la tierra de Egipto. El Señor pasaría por todo el país alrededor de la medianoche, y morirían los primogénitos de las personas y del ganado de los egipcios. Esta Pascua del Señor fue un acto de juicio.

Pero también fue un acto de liberación. Por orden de Dios, cada familia israelita tomó un cordero sin defecto y lo sacrificó al atardecer. Luego, la sangre del cordero fue pintada en los marcos de las puertas de sus casas, y el cordero fue comido como parte de la comida pascual.

En el centro de la Pascua había un cordero y una promesa. El Señor prometió: «La sangre les será a ustedes por señal en las casas donde estén. Cuando yo vea la sangre pasaré de largo, y ninguna plaga vendrá sobre ustedes para destruirlos cuando yo hiera la tierra de Egipto» (Éxodo 12:13). La sangre del cordero pintada en sus puertas los salvó del juicio de Dios sobre Egipto.

En su carta a los colosenses, Pablo habla de las fiestas y leyes del Antiguo Testamento, como la Pascua, como sombras que ahora han sido cumplidas en Cristo. Toda la Escritura encuentra su plenitud en Cristo.

En el centro del bautismo también hay un Cordero y una promesa. Por mandato de nuestro Señor y según su institución, todas las naciones deben ser bautizadas en el nombre del Padre, del Hijo y del Espíritu Santo.[12] El bautismo es un sacramento de liberación.

Así como en el centro de la Pascua estaba el cordero sin defecto, también el bautismo gira en torno al Cordero de Dios, quien nos marca y nos cubre con su sangre santa y preciosa. Al ser bautizados, el juicio del Señor por nuestro pecado pasa por alto y cae sobre el Cordero que se entregó por nosotros. El primogénito, el único Hijo de Dios, muere en nuestro lugar.

Tradicionalmente, en el rito del santo bautismo, se hace la señal de la cruz sobre la frente y el corazón del bautizado. El bautizado es marcado como alguien reclamado por Cristo en el bautismo, sepultado con él y resucitado con él.[13] Por medio del agua y la Palabra, somos liberados de nuestros captores: el pecado, la muerte y el diablo.

El teólogo John Kleinig explica cómo podemos recordar a diario nuestro bautismo de esta manera:

> «Por lo tanto, vivimos toda nuestra vida bajo la señal de la cruz. Al levantarnos cada mañana, compartimos, en pequeño grado, la resurrección de Jesús; al acostarnos cada noche, compartimos su muerte».[14]

---

[12] Mateo 28:19.

[13] Romanos 6:4.

[14] John W. Kleinig, *Grace Upon Grace: Spirituality for Today*. Concordia Publishing House, 2008, p. 79.

Cada día recordamos nuestro éxodo, nuestro bautismo. Es una Pascua diaria en la que Dios pasa por alto nuestros pecados porque los ha puesto sobre Jesús, nuestro Cordero pascual. Estamos marcados con el perdón, la justicia y la vida de nuestro Señor, quien nos ha redimido. Podemos hacer la señal de la cruz y proclamar: «¡Estoy bautizado!».

Padre celestial, por tu Palabra creaste todas las cosas. Te damos gracias porque, por medio del agua y tu Palabra en el santo bautismo, has creado nueva vida en nosotros por medio de tu Hijo. Guárdanos con gracia en tu familia bautizada, para que muramos cada día al pecado y resucitemos a la nueva vida que nos has dado en Cristo, para que podamos amar y servir a nuestros prójimos. Amén.

PARA SEGUIR REFLEXIONANDO, LEE ÉXODO 12:1-28.

Sean santos

ENTONCES EL SEÑOR LE DIJO A MOISÉS: «HABLA A TODA LA CONGREGACIÓN DE LOS ISRAELITAS Y DILES: "SANTOS SERÁN PORQUE YO, EL SEÑOR SU DIOS, SOY SANTO"».

—Levítico 19:1-2

Desde el relato de la creación al comienzo de Génesis, pasando por los patriarcas, jueces, reyes y profetas, el Antiguo Testamento está repleto de grandes narrativas. Y luego está Levítico.

En Génesis, navegamos en el arca sobre las aguas del diluvio junto con Noé y su familia, y contemplamos las estrellas con Abraham. Seguimos el linaje de Jesús desde la primera promesa en el jardín hasta los patriarcas como Abraham, Isaac y Jacob.

En el segundo libro, Éxodo, tenemos el majestuoso rescate del pueblo de Dios de su esclavitud en Egipto. Dios parte el mar Rojo y saca a su pueblo de la cautividad por tierra seca.

Y luego está Levítico. En lugar de un libro lleno de maravillas y milagros emocionantes, Levítico es un libro lleno de ordenanzas e instrucciones de adoración para el pueblo de Dios. Sin embargo, este tercer libro del Antiguo Testamento es un almacén de promesas de Dios para su pueblo. El Evangelio de Levítico traza un plano que anticipa lo que el Cordero de Dios, nuestro gran sumo sacerdote, logrará por nosotros.

A lo largo del libro de Levítico, Dios instruye a su pueblo en cuanto a la santidad. Sus páginas están llenas del peso de la santidad de Dios. El Señor instruye a Moisés a decirle a la congregación de Israel: «... santos serán porque yo, el Señor su Dios, soy santo» (Levítico 19:2).

Israel debía ser santo, como el Señor su Dios es santo. Pero la santidad de Israel no provenía de sus propios esfuerzos. Era un regalo de Dios. La santidad le pertenece solo a Dios, y él la comparte con gracia con su pueblo.

En el libro de Levítico, el Señor le está haciendo una promesa a su pueblo: que serán santos, como él es santo. Y si van a ser santos como él es santo, entonces debe ser él quien los haga santos. Jesús, nuestro gran sumo sacerdote, será quien nos haga santos, como él es santo.

¿Y qué significa ser santo? El apóstol Pablo escribe en su salutación a los santos en Corinto: «A la iglesia de Dios que está en Corinto, a los que han sido santificados en Cristo Jesús, llamados a ser santos, con todos los que en cualquier parte invocan el nombre de nuestro Señor Jesucristo, Señor de ellos y nuestro» (1 Corintios 1:2). Ser santo es ser santificado, o apartado, en Cristo Jesús. Pero ¿cómo sucede esto? ¿Cómo cumple Dios su promesa de hacer santo a su pueblo, de hacernos santos como él es santo? Lo hace por medio del agua y de su Palabra en el santo bautismo.

Por medio del agua y la Palabra en el bautismo, nuestro Señor nos santifica, haciéndonos santos al poner su santo nombre sobre nosotros. Él dice: «Yo soy el Señor su Dios» (Levítico 18:30). Somos hechos santos en las aguas del bautismo porque allí somos unidos a Cristo Jesús, nuestro Señor.

Así como Israel solo podía recibir la santidad del Señor, nosotros también solo podemos recibirla de él. Recibimos esta santidad como un regalo por medio del santo bautismo. Por medio del agua y la Palabra de Dios, el Señor da muerte a nuestra naturaleza pecaminosa y rebelde, y nos otorga su santidad, su vida.

A lo largo del libro de Levítico, el Señor muestra a su pueblo cómo deben recibir esta santidad mediante el patrón de adoración que él establece. Hoy, en el servicio divino, Dios continúa viniendo a nosotros para darnos su santidad. Dios nos la concede abundantemente por medio de la predicación del evangelio, el sacramento de la Cena del Señor, la absolución y nuestro bautismo.

Por medio del bautismo, somos lavados, santificados y hechos santos en el nombre del Padre, del Hijo y del Espíritu

Santo. Al escuchar la declaración de la absolución, recibimos el consuelo del perdón de nuestros pecados. En la Cena del Señor, recibimos el verdadero cuerpo y la verdadera sangre de Jesús, mientras él derrama su vida y su santidad sobre nosotros con gracia.

Somos santos como el Señor nuestro Dios es santo, porque él nos ha hecho santos y se ha unido a nosotros en el bautismo por medio de su poderosa Palabra.

Padre celestial, por tu Palabra creaste todas las cosas. Te damos gracias porque, por medio del agua y tu Palabra en el santo bautismo, has creado nueva vida en nosotros por medio de tu Hijo. Guárdanos con gracia en tu familia bautizada, para que muramos cada día al pecado y resucitemos a la nueva vida que nos has dado en Cristo, para que podamos amar y servir a nuestros prójimos. Amén.

PARA SEGUIR REFLEXIONANDO, LEE JUAN 15:1-17.

Ocho días después

OCHO DÍAS DESPUÉS, SUS DISCÍPULOS ESTABAN OTRA VEZ A PUERTA CERRADA, Y TOMÁS ESTABA CON ELLOS. ESTANDO LAS PUERTAS CERRADAS, JESÚS LLEGÓ, SE PUSO EN MEDIO DE ELLOS Y LES DIJO: «LA PAZ SEA CON USTEDES». LUEGO LE DIJO A TOMÁS: «PON AQUÍ TU DEDO, Y MIRA MIS MANOS; Y ACERCA TU MANO, Y MÉTELA EN MI COSTADO; Y NO SEAS INCRÉDULO, SINO CREYENTE» (RVC).

—Juan 20:26-27

Habían pasado ocho días desde que todos los discípulos vieron a su Señor resucitado. Ocho días desde que el Señor se presentó entre ellos y dijo: «... paz a ustedes...» (Jn 20:21). Ocho días desde que sus ojos, oídos y todos sus sentidos se aferraron al Señor resucitado y glorificado. Es decir, todos excepto Tomás.

Tomás no estaba con los otros discípulos cuando Jesús los visitó. Había pasado más de una semana desde que había visto a Jesús y celebrado la Pascua con él. Desde entonces, su amado maestro, su Señor, había sido crucificado y puesto en una tumba. Sin embargo, los otros discípulos anunciaron las buenas noticias a Tomás: ¡habían visto a Jesús! Todos, con la excepción de Tomás, habían estado en la gozosa presencia de su Señor resucitado.

La voz de Tomás resonaba con tristeza: «Entonces los otros discípulos le decían: "¡Hemos visto al Señor!". Pero él les dijo: "Si no veo en sus manos la señal de los clavos, y meto el dedo en el lugar de los clavos, y pongo la mano en su costado, no creeré"» (Jn 20:25). Y Tomás tenía razón. No iba a creer. Es decir, Tomás no podía creer por su propio razonamiento o fuerza, separado de la obra del Espíritu Santo, ni nosotros tampoco.

Pero, en el octavo día, Jesús vino a Tomás.

El octavo día no es insignificante. Las Escrituras están llenas del lenguaje del octavo día. El pacto de Dios con Abraham sobre la circuncisión debía cumplirse al octavo día después del nacimiento.[15] Fue al octavo día, como nos informa el evangelista Lucas, que Jesús fue llevado al templo para cumplir este pacto de circuncisión y fue también nombrado.[16] También fue en el octavo día que nuestro Señor salió de la tumba, habiendo aplastado la cabeza de la serpiente antigua y derrotado la muerte.

---

[15] Génesis 17:12.

[16] Lucas 2:21.

Pero Tomás no estuvo allí. No estuvo allí cuando Jesús tomó su primer aliento en aquella primera mañana de Pascua. No estuvo allí para oír al ángel proclamar: «¿Por qué buscan entre los muertos al que vive? No está aquí, sino que ha resucitado...» (Lc 24:5-6). Tomás no estuvo en aquel cuarto cerrado cuando Jesús se apareció a los demás discípulos.

En medio de su firme incredulidad, Jesús se presenta ante Tomás. Jesús no viene a reprender a Tomás para que crea. Viene a regalarle la fe que le falta. Viene a darle fe a Tomás. Jesús viene a consolarlo con la promesa del perdón de los pecados y la vida eterna. Jesús le dice: «Pon aquí tu dedo aquí y mira mis manos» (Jn 20:27). Las manos que fueron ensangrentadas y clavadas en la cruz aún llevan las marcas, pero están glorificadas en el Cristo resucitado, que extiende sus manos para consolar a su amado discípulo.

Al igual que Tomás, nosotros no estuvimos allí. No estuvimos cuando Jesús tomó su primer aliento aquella primera mañana de Pascua. No estuvimos para escuchar la proclamación del ángel. No estuvimos cuando Jesús se apareció a sus discípulos incrédulos. No hemos tocado las manos traspasadas de nuestro Señor para oírle decir: «... no seas incrédulo, sino creyente» (Jn 20:27, RVC).

Nuestro Señor viene a nosotros de una manera diferente a como vino a sus apóstoles, a Tomás y a las mujeres en la tumba. Nuestro Señor viene a nosotros cuando el agua se derrama sobre nosotros y se proclaman las palabras: «Yo te bautizo en el nombre del Padre, y del Hijo y del Espíritu Santo». Es allí, en la fuente bautismal, donde el Señor extiende su mano y dice: «No seas incrédulo, sino creyente». Es allí, en la fuente, donde el Espíritu Santo obra la fe que se aferra a Cristo, otorgando los dones del perdón de los pecados y la vida eterna. Allí, en el bautismo, nuestro Señor se acerca y nos toma en medio de nuestra incredulidad.

El reformador Martín Lutero escribió: «Ser bautizado en el nombre de Dios es ser bautizado no por los seres humanos, sino por Dios mismo. Aunque sea realizado por manos humanas, no deja de ser en verdad obra de Dios».[17] Nuestro Señor se acerca a nosotros en las aguas del bautismo y nos dice: «No seas incrédulo, sino creyente». Nuestro Señor, que nos hace suyos en el bautismo, nos da su Espíritu Santo para sostener este don de la fe que se creó en la fuente.

Padre celestial, por tu Palabra creaste todas las cosas. Te damos gracias porque, por medio del agua y tu Palabra en el santo bautismo, has creado nueva vida en nosotros por medio de tu Hijo. Guárdanos con gracia en tu familia bautizada, para que muramos cada día al pecado y resucitemos a la nueva vida que nos has dado en Cristo, para que podamos amar y servir a nuestros prójimos. Amén.

PARA SEGUIR REFLEXIONANDO, LEE JUAN 20:1-31.

[17] Catecismo Mayor IV 10.

SEMANA DOS

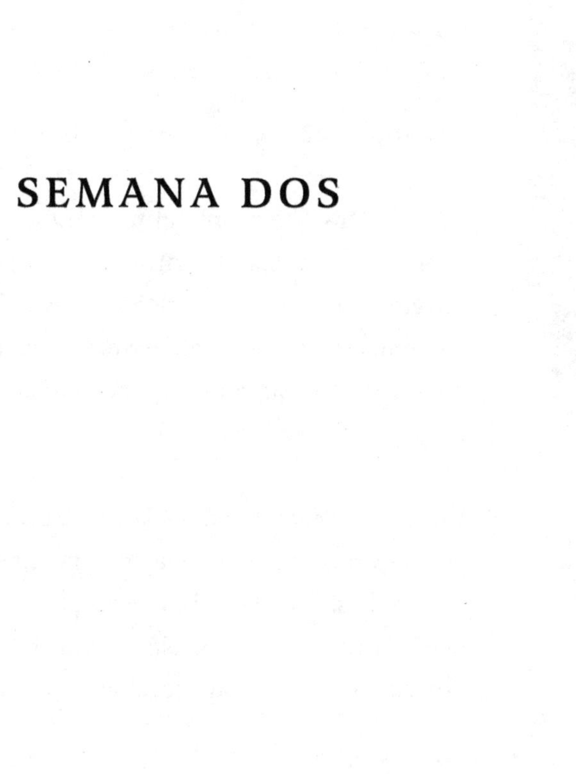

Aguas tronadoras

VOZ DEL SEÑOR SOBRE LAS AGUAS.
EL DIOS DE GLORIA TRUENA, EL SEÑOR
ESTÁ SOBRE LAS MUCHAS AGUAS.

—Salmos 29:3

Cuando Israel se reunió al pie del monte Sinaí, la tierra comenzó a temblar mientras la montaña cobraba vida, estremeciéndose ante el Señor de los ejércitos. El Señor escondió su voz en un fuerte estruendo de trueno. La montaña se envolvió en humo cuando el Señor descendió sobre ella en medio del fuego.[18]

Durante los cuarenta años que Israel vagó por el desierto, el Señor puso su presencia en el tabernáculo y habitó en medio de su pueblo. El tabernáculo se llenó de la gloria del Señor.[19] Dios se reveló a su pueblo en un momento específico, en un lugar específico y por medios concretos.

---

[18] Éxodo 19:18-19.

[19] Éxodo 40:35.

Cuando el apóstol Juan comienza su evangelio, escribe: «El Verbo se hizo carne, y habitó entre nosotros, y vimos su gloria, gloria como del unigénito del Padre, lleno de gracia y de verdad» (Juan 1:14).

Juan escribe que la Palabra de Dios «habitó» entre nosotros, es decir, hizo su tabernáculo con nosotros. Así como la gloria del Señor llenó el tabernáculo en el desierto cuando vivió entre su pueblo, así también su gloria llenó el pesebre en Belén. Esta vez, la voz de Dios no se ocultó en un estruendo de trueno, sino en el llanto tierno de un recién nacido.

En su bautismo, Jesús, la Palabra de Dios, fue introducido en las aguas del bautismo por nosotros. Cuando Juan bautizó a Jesús en el río Jordán, Jesús, la Palabra de Dios, absorbió nuestros pecados como si fueran suyos. Al ser bautizado Jesús, una voz del cielo declaró: «... este es mi Hijo amado; en quien me he complacido» (Mateo 3:17).

La Palabra de Dios, que hizo temblar montañas, se colocó sobre el madero de la cruz por nosotros. Esta vez, en el monte del Calvario, la voz del Señor no se escuchó en un majestuoso estruendo, sino en el grito de nuestro Señor crucificado: «Consumado es» (Jn 19:30, RVC). La gloria del Señor llenó ese monte cuando Jesús se entregó por nuestros pecados.

Cuando Jesús, la Palabra de Dios, exhaló su último aliento, «... y la tierra tembló y las rocas se partieron» (Mt 27:51). Una vez más, la tierra se estremeció ante el Señor de los ejércitos, cuando fue entregado a la muerte por nuestras iniquidades.

Tres días después, la tierra volvió a temblar cuando un ángel hizo rodar la piedra de la tumba vacía del Verbo resucitado.[20] La Palabra de Dios cumplió el propósito por el cual fue enviada: nuestra salvación.

Ahora el Señor pone su gloriosa Palabra en las aguas del bautismo por nosotros. El salmista escribe: «Voz del Señor sobre las aguas. El Dios de gloria truena; el Señor está sobre las muchas aguas» (Sal 29:3). El Dios de gloria truena sobre las aguas de nuestro bautismo mientras somos perdonados y marcados con el nombre del Padre, del Hijo y del Espíritu Santo.

En las aguas del bautismo, nuestra naturaleza pecaminosa es puesta a muerte, y somos hechos nuevas criaturas en Cristo. El salmista continúa en el Salmo 29 describiendo la voz de Dios como una que tiene autoridad para matar y dar vida. Escribe: «La voz del Señor hace parir a las ciervas y deja los bosques desnudos...» (Sal 29:9). Por medio del agua y la Palabra de Dios, somos sumergidos y resucitados en nuestro bautismo.

La Palabra de Dios ha escogido habitar —hacer su tabernáculo— en estas aguas bautismales para estar con nosotros, sus santos bautizados. A medida que diariamente somos arrepentidos y traídos de nuevo a la obra de Cristo realizada por nosotros en

---

[20] Mateo 28:2.

el bautismo, contemplamos al Cordero de Dios, quien se colocó a sí mismo en las aguas de nuestro bautismo para quitar nuestro pecado. La Palabra que dijo: «¡Silencio! ¡Cálmate!» (Mc 4:39), aquieta nuestra conciencia atormentada por el pecado con la promesa de paz total con Dios y vida eterna.

Padre celestial, nos has lavado de nuestros pecados en el santo bautismo. Has puesto tu santo nombre sobre nosotros y nos has hecho tus amados hijos. Envía tu Espíritu Santo para consolarnos con las promesas que nos diste en el bautismo. Arrepiéntenos cada día, para que muramos al pecado y vivamos en el perdón ganado para nosotros por la muerte y resurrección de tu Hijo. Amén.

PARA SEGUIR REFLEXIONANDO, LEE EL SALMO 29.

Un diluvio triunfante

ENTONCES MOISÉS Y LOS ISRAELITAS CANTARON ESTE CÁNTICO AL SEÑOR, Y DIJERON: «CANTO AL SEÑOR PORQUE HA TRIUNFADO GLORIOSAMENTE; AL CABALLO Y A SU JINETE HA ARROJADO AL MAR».

—Éxodo 15:1-2

Finalmente, todo había terminado. Después de cuatrocientos años de cautiverio, sus adversarios fueron destruidos ante sus ojos. Ahora, después de tantos años, estaban de pie sobre tierra seca, mientras sus opresores eran ahogados y arrastrados por las aguas del mar Rojo. La liberación de Israel, luego de cuatrocientos años de esclavitud, finalmente llegó por medio de un diluvio triunfante de agua.

La nación de Israel había pasado cuatrocientos años bajo el dominio de los egipcios. Pero el Señor escuchó sus oraciones, sus clamores por liberación, y se acordó de su promesa a sus padres, la promesa hecha a Abraham, a Isaac y a Jacob.[21] El Señor llamó y envió a Moisés, a través de quien libraría a su pueblo de mano de los egipcios.

Los israelitas no levantaron un solo dedo para pelear contra sus enemigos. Cuando se vieron atrapados ante las aguas del mar Rojo, Moisés extendió su mano sobre el mar, como el Señor le había ordenado, y el mar se partió en dos. Por ese pasaje, Israel cruzó el mar Rojo sobre tierra seca. Salieron de la tierra de Egipto y entraron en libertad.

Una vez que Israel estuvo a salvo del otro lado, Moisés volvió a extender su mano sobre el mar, como el Señor le había mandado. Pero esta vez, en lugar de un camino milagroso, las aguas que se habían dividido se cerraron con fuerza. Las aguas del mar Rojo sepultaron al ejército enemigo de Israel. Los egipcios, que parecían tener un dominio inquebrantable sobre el pueblo escogido del Señor, desaparecieron. Con una mano extendida, sus enemigos fueron arrasados. Cuando el mar Rojo se cerró, también se cerró su cautiverio.

Después de haber participado pasivamente en esta liberación milagrosa, Israel estalló en cánticos. Las orillas del mar Rojo se llenaron de canciones de agradecimiento. El aire se inundó con himnos que relataban las maravillas que habían presenciado. El diluvio triunfante del Señor había ahogado a sus enemigos. El Señor era su fuerza y su cántico. El Señor era su libertador.

---

[21] Éxodo 2:24.

El salmista, en el Salmo 106, vuelve a relatar esta historia de liberación divina:

> *No obstante, los salvó por amor de su nombre, para manifestar su poder. Reprendió al mar Rojo, y se secó; y los condujo por las profundidades, como por un desierto. Los salvó de mano del que los odiaba, y los redimió de mano del enemigo. Las aguas cubrieron a sus adversarios, ni uno de ellos escapó* (Salmos 106:811).

Israel, según el salmista, fue salvado porque Dios había dicho que lo salvaría. El Señor rescató a Israel porque lo había prometido. Cuando Dios une su nombre y promesa a algo, queda sellado y cumplido.

Cuando nuestro Señor unió su nombre a nosotros en el bautismo, prometiendo rescatarnos de nuestros captores —el pecado, la muerte y el poder del diablo—, fue un hecho consumado. Las aguas del bautismo lavan nuestros pecados en un diluvio triunfante.

Martín Lutero conecta esta historia del Éxodo con el sacramento del santo bautismo cuando escribe en su oración bautismal, conocida como la *Oración del Diluvio*:

> «Tú, que ahogaste al endurecido Faraón con todo su ejército en el mar Rojo y condujiste a tu pueblo Israel por el mismo sobre tierra seca, prefigurando así este baño de tu bautismo».[22]

---

[22] Martín Lutero y Ulrich S. Leupold, *Luther's Works: Liturgy and Hymns*, vol. 53. Fortress Press, 1965, p. 97.

Así como Moisés extendió su mano sobre el mar por mandato del Señor, también los pastores extienden su mano con el agua y la Palabra, por mandato del Señor.[23] El bautismo nos une a Cristo, nuestro libertador. Las aguas bautismales nos conducen a Cristo, aquel cuyos brazos extendidos en la cruz lograron nuestra salvación y nos rescataron de nuestros captores: el pecado, la muerte y el diablo.

El Señor es nuestro libertador. Él une su poderoso nombre a nosotros en las aguas del bautismo. Por eso también nosotros cantamos acerca de nuestra liberación. Las aguas del bautismo hidratan nuestros himnos, nuestros cantos de alabanza. Cantamos acerca de nuestra salvación, del Señor que nos libra y que ha puesto su santo nombre sobre nosotros en ese feliz diluvio triunfante.

Padre celestial, nos has lavado de nuestros pecados en el santo bautismo. Has puesto tu santo nombre sobre nosotros y nos has hecho tus amados hijos. Envía tu Espíritu Santo para consolarnos con las promesas que nos diste en el bautismo. Arrepiéntenos cada día, para que muramos al pecado y vivamos en el perdón ganado para nosotros por la muerte y resurrección de tu Hijo. Amén.

PARA SEGUIR REFLEXIONANDO, LEE ÉXODO 15:1-18.

[23] Mateo 28:18-20.

Plantados en aguas bautismales

SERÁ COMO ÁRBOL PLANTADO JUNTO A CORRIENTES DE AGUA, QUE DA SU FRUTO A SU TIEMPO Y SU HOJA NO SE MARCHITA; EN TODO LO QUE HACE, PROSPERA.

—Salmos 1:3

Las plantas necesitan agua. Un árbol ancla profundamente sus raíces en la tierra para encontrar el alimento vital que proporciona un suministro constante de agua. Sin esta fuente continua, el árbol se seca, se marchita y muere. El agua es esencial para la vida; tanto para las plantas como para nosotros.

En el primer salmo, el salmista describe al bienaventurado como aquel que es «Será como árbol plantado junto a corrientes de agua, que da su fruto a su tiempo y su hoja no se marchita; en todo lo que hace, prospera» (Sal 1:3). El árbol florece gracias a las corrientes de agua fértiles, abundantes y vivificantes en las que fue plantado. Recibe vida al estar plantado en las mismas aguas que lo sustentan.

El profeta Jeremías retoma esta imagen del salmista para describir al hombre bendecido. Escribe:

> Bendito es el hombre que confía en el Señor, cuya confianza es el Señor. Será como árbol plantado junto al agua, que extiende sus raíces junto a la corriente; no temerá cuando venga el calor, y sus hojas estarán verdes; en año de sequía no se angustiará ni cesará de dar fruto (Jeremías 17:78).

Por otro lado, los malditos y los impíos son descritos como deshidratados y sin vida. Jeremías compara al maldito, aquel que no ha sido plantado junto al agua, con un arbusto en el desierto, habitando en tierras salobres y desoladas (Jer 17:6). Y continúa diciendo que los impíos son tales porque «abandonaron al Señor, fuente de aguas vivas».[24]

El salmista retoma esta misma imagen para describir a los impíos: «... son como paja que se lleva el viento» (Sal 1:4). Esta paja, esta cáscara seca del trigo, no está anclada ni plantada en el agua, sino que está separada de la fuente de vida, vacía y fácilmente arrastrada por el viento.

---

[24] Jeremías 17:13.

A través del agua y la Palabra de Dios, somos plantados junto a corrientes de aguas bautismales. No nos plantamos a nosotros mismos, sino que hemos sido plantados por nuestro Dios. Nuestro buen y bondadoso jardinero nos planta en la rica corriente de agua que fluye del costado traspasado de Cristo, quien colgó en el árbol de la cruz, cuando somos bautizados en su nombre.[25] El Padre de la Iglesia Tertuliano describe esta conexión con el bautismo al escribir:

> «Cristo nunca está sin agua... Hasta su pasión permanece el testimonio del bautismo: mientras es entregado a la cruz, interviene el agua; son testigo las manos de Pilato; cuando es herido, brota agua de su costado; es testigo la lanza del soldado».[26]

Esta ilustración de un árbol plantado junto a corrientes de agua es una imagen hermosa de la vida bautismal. Una vez plantado, el árbol no se aleja del agua en la que fue plantado. Por el contrario, permanece en esa corriente que da vida, dando fruto a su debido tiempo.

Cristo obra por medio del agua y de su Palabra. A través del bautismo, somos unidos a Cristo y plantados en él. Sus promesas no se marchitan. Damos fruto a su tiempo porque Cristo permanece con nosotros.

Por el don del Espíritu Santo, somos aquellos que son bendecidos. Nosotros, que éramos como paja seca, muertos en

---

[25] Juan 19:34.

[26] Tertuliano, *On Baptism*. Lighthouse Christian Publishing, 2015, p. 15.

nuestros pecados, recibimos nueva vida al ser bautizados en las corrientes de agua viva que fluyen de la muerte de Jesús por nosotros.

Padre celestial, nos has lavado de nuestros pecados en el santo bautismo. Has puesto tu santo nombre sobre nosotros y nos has hecho tus amados hijos. Envía tu Espíritu Santo para consolarnos con las promesas que nos diste en el bautismo. Arrepiéntenos cada día, para que muramos al pecado y vivamos en el perdón ganado para nosotros por la muerte y resurrección de tu Hijo. Amén.

PARA SEGUIR REFLEXIONANDO, LEE EL SALMO 1.

CUARTO DÍA DE LA SEGUNDA SEMANA

Entrando al reino de Dios

JESÚS RESPONDIÓ: «EN VERDAD TE DIGO QUE EL QUE NO NACE DE AGUA Y DEL ESPÍRITU NO PUEDE ENTRAR EN EL REINO DE DIOS. LO QUE ES NACIDO DE LA CARNE, CARNE ES, Y LO QUE ES NACIDO DEL ESPÍRITU, ESPÍRITU ES».

—Juan 3:5-6

A lo largo de los Evangelios, Jesús enseña a sus discípulos sobre el reino de Dios, comparándolo con cosas cotidianas como semillas, tesoros y banquetes.

Jesús compara el reino de los cielos con un sembrador,[27] una semilla de mostaza,[28] un tesoro escondido,[29] una red que recoge peces,[30] y un banquete de bodas.[31] Mateo,

---

[27] Mateo 13:24.

[28] Lucas 13:18-19.

[29] Mateo 13:44.

[30] Mateo 13:47.

[31] Mateo 22:2-3.

Marcos y Lucas registran estas y muchas otras parábolas de Jesús, revelando los misterios del reino de Dios.

Juan no contiene parábolas del mismo modo que los Evangelios sinópticos de Mateo, Marcos y Lucas. Sin embargo, sí registra las palabras de Jesús sobre cómo uno entra en el reino de Dios. Durante una reunión nocturna, Jesús conversó con un miembro curioso del Sanedrín (un cuerpo gobernante religioso de los judíos) llamado Nicodemo.

Jesús le dice a Nicodemo: «En verdad te digo que el que no nace de nuevo no puede ver el reino de Dios» (Juan 3:3). Nicodemo se quedó perplejo por las palabras de Jesús. Le preguntó cómo podía ser eso. Jesús le explicó una segunda vez: «En verdad te digo que el que no nace de agua y del Espíritu no puede entrar en el reino de Dios» (Juan 3:5).

Nicodemo estaba intrigado por Jesús y sus enseñanzas. Confesó: «Este vino a Jesús de noche y le dijo: "Rabí, sabemos que has venido de Dios como maestro, porque nadie puede hacer las señales que tú haces si Dios no está con él"» (Juan 3:2). Nicodemo tuvo una audiencia privada con el Maestro bajo la cobertura de la noche, pero se fue desconcertado por las palabras de Jesús de que debía nacer de nuevo. Nicodemo nunca había oído hablar de un concepto así... o al menos eso creía.

Cuando Nicodemo seguía preguntando cómo podía ser eso, Jesús le responde con una reprensión: «Tú eres maestro de Israel, ¿y no entiendes estas cosas?» (Juan 3:10).

Nicodemo estudiaba y escudriñaba las Escrituras día tras día. Ocupaba una posición de gran influencia religiosa y de enseñanza entre los judíos. Conocía a fondo todas las leyes, los escritos de Moisés, la Ley y los Profetas.

Las palabras de Jesús quizás le recordaron los escritos del profeta Ezequiel, donde el Señor hace esta promesa a su pueblo:

> Entonces los rociaré con agua limpia y quedarán limpios; de todas sus inmundicias y de todos sus ídolos los limpiaré. Además, les daré un corazón nuevo y pondré un espíritu nuevo dentro de ustedes; quitaré de su carne el corazón de piedra y les daré un corazón de carne (Ez 36:25-26).

Por medio de parábolas y conversaciones como las que tuvo con Nicodemo, Jesús revela los misterios del reino de Dios. Somos introducidos a este reino como un regalo, por medio del agua y de la Palabra de Dios en el bautismo. Al ser rociados con las aguas del bautismo, somos limpiados de nuestro pecado y se nos da un corazón nuevo.

Y, sin embargo, mientras Nicodemo conversaba con aquel de quien daban testimonio la Ley y los profetas, seguía asombrado e inquieto por las palabras de Jesús. Estudiaba las Escrituras porque creía que en ellas encontraría la vida a través del cumplimiento de la ley. Buscaba en ellas los planos a seguir para edificar por sí mismo un fundamento seguro de vida justa delante de Dios.

Debemos nacer de nuevo, o nacer de lo alto, dice Jesús, del agua y del Espíritu. En las aguas del bautismo, nuestro Padre celestial nos introduce en su reino con nueva vida, mediante el agua y la Palabra. A través del bautismo, se nos da el don del Espíritu Santo y somos revestidos con la justicia de Cristo.

El reino de Dios es como el bautismo: un nuevo nacimiento del agua y la Palabra de Dios. En el bautismo somos bienvenidos al reino de Dios por el Padre que nos ama, el Hijo que se entregó por nosotros y el Espíritu Santo que nos da la fe para creer y confesar estos dones.

Padre celestial, tú nos has lavado de nuestros pecados en el santo bautismo. Has puesto tu santo nombre sobre nosotros y nos has hecho tus amados hijos. Envía a tu Espíritu Santo para consolarnos con las promesas que nos has dado en el bautismo. Arrepiéntenos cada día, para que muramos al pecado y vivamos en el perdón ganado por la muerte y resurrección de tu Hijo por nosotros. Amén.

PARA SEGUIR REFLEXIONANDO, LEE JUAN 3:1-21.

QUINTO DÍA DE LA SEGUNDA SEMANA

Absorbiendo nuestro pecado

ENTONCES JESÚS LLEGÓ DE GALILEA AL JORDÁN, A DONDE ESTABA JUAN, PARA SER BAUTIZADO POR ÉL. PERO JUAN TRATÓ DE IMPEDIRLO, DICIENDO: «YO NECESITO SER BAUTIZADO POR TI, ¿Y TÚ VIENES A MÍ?». JESÚS LE RESPONDIÓ: «PERMÍTELO AHORA; PORQUE ES CONVENIENTE QUE ASÍ CUMPLAMOS TODA JUSTICIA». ENTONCES JUAN CONSINTIÓ.

—Mateo 3:13-15

A orillas del Jordán, el último de los profetas del Antiguo Testamento clamaba en el desierto preparando el camino del Señor. Juan proclamaba un bautismo para el perdón de los pecados. Multitudes de Jerusalén, de toda Judea y de la región entera, salían a ver a Juan el Bautista.

El río parecía beber sus pecados mientras Juan los bautizaba en el Jordán. Las confesiones llenaban el aire mientras las multitudes eran bautizadas con un bautismo de arrepentimiento. Y mientras Juan preparaba el camino, el Cordero de Dios, el Señor para quien había preparado el camino, se le acercó. Juan el Bautista proclamó: «¡Aquí tienen al Cordero de Dios, que quita el pecado del mundo!» (Juan 1:29). Y entonces, para sorpresa de Juan, Jesús le pidió ser bautizado.

Jesús era el único que no necesitaba arrepentirse. ¿Qué pecados podía confesar aquel que no tenía pecado? El Bautista, impactado por la petición, le dijo: «Yo necesito ser bautizado por ti, ¿y tú vienes a mí?» (Mateo 3:14). ¿Cómo podía el Cordero de Dios, sin mancha, participar en un bautismo de arrepentimiento?

Jesús le dijo a Juan que debía ser bautizado para «cumplir con lo que Dios exige». ¿Pero qué significa eso? El padre de la Iglesia Hipólito explica que, en esencia, Jesús le está diciendo a Juan:

> «Yo soy el Cumplidor de la ley; procuro que no quede nada sin cumplirse, para que después de mí Pablo pueda exclamar: "Cristo es el cumplimiento de la ley para justicia de todo el que cree"».[32]

Jesús no deja nada por cumplir a nuestra cuenta, sino que lo hace todo por nosotros. Fue bautizado con un bautismo de arrepentimiento por nosotros. Al entrar en las aguas del Jordán, Jesús tomó el lugar de los pecadores.[33] Como una esponja, Jesús entró en el Jordán y absorbió nuestro pecado.

---

[32] Alexander Roberts, D. D. y James Donaldson, LL. D. *Ante-Nicene Fathers*, vol. 5.ª ed. WM. B. Eerdmans Publishing Company, p. 576, Kindle.

[33] 2 Corintios 5:21.

En las aguas del Jordán, Juan bautizó a Jesús. Jesús, que no conocía el pecado, salió de su bautismo cargando los pecados de toda la humanidad. Ese río, ensuciado por el pecado, seguiría su curso hasta la cruz, donde sería derramado.

En el libro de Levítico, las instrucciones para el día de la expiación ofrecen una imagen que anticipa el bautismo de Jesús:

> *Después Aarón pondrá ambas manos sobre la cabeza del macho cabrío y confesará sobre él todas las iniquidades de los israelitas y todas sus transgresiones, todos sus pecados, y poniéndolos sobre la cabeza del macho cabrío, lo enviará al desierto por medio de un hombre preparado para esto. El macho cabrío llevará sobre sí todas las iniquidades de ellos a una tierra solitaria; y el hombre soltará el macho cabrío en el desierto.* (Levítico 16:21-22).

Aarón, el sumo sacerdote, debía poner sus manos sobre la cabeza de un macho cabrío vivo, transfiriendo sobre él los pecados del pueblo de Israel. Ese macho cabrío, ahora cargando las iniquidades del pueblo, era enviado al desierto, llevándose consigo sus pecados.

Después de ser bautizado, Jesús fue llevado inmediatamente al desierto por el Espíritu Santo para ser tentado, cargando las iniquidades de los pecadores.[34]

Jesús instruyó a sus discípulos a bautizar en el nombre del Padre, del Hijo y del Espíritu Santo. Este bautismo es distinto al de Juan. Es un bautismo de regeneración y renovación por

---

[34] Mateo 4:1.

el Espíritu Santo. El apóstol Pablo escribe: «Él nos salvó, no por las obras de justicia que nosotros hubiéramos hecho, sino conforme a su misericordia, por medio del lavamiento de la regeneración y la renovación por el Espíritu Santo» (Tito 3:5).

Cuando somos bautizados en el nombre de la Trinidad, algo sucede. Tiene lugar un gran intercambio: Jesús absorbe nuestro pecado, y nosotros absorbemos su justicia. Nacemos de nuevo, vivificados por la acción del Espíritu Santo.

Jesús se sumergió en las aguas del Jordán para ser bautizado por nosotros. Ahora, en las aguas de nuestro bautismo, Jesús nuevamente se hace presente por nosotros. Se nos da el Espíritu Santo, no para llevarnos al desierto de la tentación, sino al jardín fértil de la fe, donde estamos unidos a Jesús, nuestra vid que da vida.[35] Somos amados por nuestro Padre celestial, quien ha puesto su nombre sobre nosotros en el bautismo. He aquí el Cordero de Dios, que quita nuestro pecado.

Padre celestial, tú nos has lavado de nuestros pecados en el santo bautismo. Has puesto tu santo nombre sobre nosotros y nos has hecho tus amados hijos. Envía a tu Espíritu Santo para consolarnos con las promesas que nos has dado en el bautismo. Arrepiéntenos cada día, para que muramos al pecado y vivamos en el perdón ganado por la muerte y resurrección de tu Hijo por nosotros. Amén.

PARA SEGUIR REFLEXIONANDO, LEE MATEO 3:1-17.

[35] Juan 15:5.

Vestiduras acuáticas

EL SEÑOR DIOS HIZO VESTIDURAS DE PIEL PARA ADÁN Y SU MUJER, Y LOS VISTIÓ.

—Génesis 3:21

Es sorprendente la cantidad de atención que se da a las vestiduras en el Antiguo Testamento. Solo unos pocos capítulos después de comenzar el libro de Génesis, vemos a Dios tomando la iniciativa para confeccionar ropa para Adán y Eva. Más adelante, encontramos capítulos enteros dedicados a los detalles y requisitos de las vestiduras sacerdotales.

Dios se preocupa por cómo está vestido su pueblo, tanto física como espiritualmente. Inmediatamente después de la caída en pecado, en Génesis 3, Adán y Eva intentaron hacerse ropa por su cuenta. Con algo de esfuerzo, cosieron hojas de higuera. No precisamente un atuendo adecuado.

Cuando el Señor encontró a Adán y Eva en su pecado, su vergüenza y sus vestiduras improvisadas, aprovechó para darles la primera promesa sobre Cristo, quien aplastaría la cabeza de la serpiente que los había engañado.[36] El Señor mismo hizo vestiduras apropiadas y los vistió. A pesar de su desobediencia a la Palabra de Dios, a pesar de sus intentos fallidos de cubrir su pecado, el Señor proveyó libre y misericordiosamente.

En el libro de Éxodo, se nos presenta un nivel aún mayor de detalle sobre las vestiduras de los sacerdotes. El Señor prescribe el diseño y el material de los ropajes que debían confeccionarse.[37]

El Nuevo Testamento también está lleno de referencias a la importancia de las vestiduras. Desde la parábola del banquete de bodas[38] hasta la del hijo pródigo,[39] nuestro Señor insiste en exigir solo las mejores vestiduras. Pero aquello que el Señor exige, también lo da con gracia. El himnólogo Stephen Starke escribió:

> «La fe reconoció este discernimiento: solo Dios puede cubrir el pecado, pues quitó sus hojas cosidas y los vistió con piel que oculta la vergüenza».[40]

El fallido intento de Adán y Eva de cubrir su pecado con su propia ropa condujo al primer sacrificio o derramamiento de

---

[36] Génesis 3:15.

[37] Éxodo 28-29.

[38] Mateo 22:1-14.

[39] Lucas 15:11-32.

[40] Stephen P. Starke, *Himno 597*, en *Lutheran Service Book: Pew Edition*. Concordia Publishing House, 2006.

sangre registrado en la Escritura. La ropa adecuada, proporcionada por el Señor, fue hecha con la piel de un animal. Un animal dio su vida para vestir a Adán y Eva y cubrir su vergüenza.

Aquellas primeras vestiduras confeccionadas por Dios para Adán y Eva eran una prefiguración de las vestiduras acuáticas que se nos colocan en el bautismo. El apóstol Pablo escribe: «Porque todos los que fueron bautizados en Cristo, de Cristo se han revestido» (Gálatas 3:27).

Las Escrituras resuenan con la imagen de Jesús como el Cordero de Dios que quita el pecado del mundo.[41] El Cordero de Dios, que quita nuestro pecado, nos viste con él mismo en las aguas del bautismo. El teólogo Martín Lutero escribió:

> «Por eso Pablo enseña que el Bautismo no es un simple símbolo, sino el vestido de Cristo; es más, que Cristo mismo es nuestro vestido. Por tanto, el bautismo es algo muy poderoso y eficaz».[42]

En las aguas del bautismo, se nos dan las vestiduras necesarias para entrar al banquete de bodas del Cordero. Somos revestidos de Cristo y, al hacerlo, recibimos todos los beneficios de Cristo. Somos vestidos con su justicia.

Dios ya no ve nuestros pobres intentos de cubrir nuestro pecado. Él mismo nos cubre con su propia justicia. Nuestro

---

[41] Juan 1:29.

[42] Martin Luther, *Luther's Works: Lectures on Galatians 1535*, capítulos 1-4, vol. 26, ed. Jaroslav Pelikan. Concordia Publishing House, 1963, p. 353.

Señor desea que estemos vestidos con lo mejor. En las aguas del bautismo, él mismo nos reviste. Estamos bien vestidos con las vestiduras de nuestro gran sumo sacerdote, quien derramó su sangre por nosotros para que fuéramos cubiertos y recibidos en el gozoso banquete de bodas que no tiene fin.

Padre celestial, tú nos has lavado de nuestros pecados en el santo bautismo. Has puesto tu santo nombre sobre nosotros y nos has hecho tus amados hijos. Envía a tu Espíritu Santo para consolarnos con las promesas que nos has dado en el bautismo. Arrepiéntenos cada día, para que muramos al pecado y vivamos en el perdón ganado por la muerte y resurrección de tu Hijo por nosotros. Amén.

PARA SEGUIR REFLEXIONANDO, LEE GÉNESIS 3:1-24.

Un padre extravagante

PERO EL PADRE DIJO A SUS SIERVOS: «PRONTO; TRAIGAN LA MEJOR ROPA Y VÍSTANLO; PÓNGANLE UN ANILLO EN SU MANO Y SANDALIAS EN LOS PIES. TRAIGAN EL BECERRO ENGORDADO, MÁTENLO, Y COMAMOS Y REGOCIJÉMONOS».

—Lucas 15:22-23

Cuando el hijo menor estaba alimentando a los cerdos, por fin recobró la razón —o eso pensaba. Tal vez, solo tal vez, con las palabras correctas y un buen discurso de arrepentimiento, su padre lo recibiría de vuelta. Aunque claro, no como hijo. Él sabía que esa posibilidad ya no existía.

Cualquier cosa era mejor que seguir viviendo en aquel país lejano. Había exigido su herencia, tomado el dinero de su padre y lo había desperdiciado. Dejó a su familia para comenzar una nueva vida por su cuenta en un lugar distante. Después de gastarlo todo, se encontró desesperado. Terminó trabajando en lo más bajo: cuidando cerdos, animales considerados impuros. Había tocado fondo. Hasta la comida de los cerdos le parecía apetecible.

Cualquier oportunidad de que su padre lo contratara como jornalero era mejor que seguir en el exilio. Así que, tras ensayar su discurso de disculpas, emprendió el camino de regreso a casa. Volvía hambriento y avergonzado.

Pero mientras todavía estaba lejos, su padre corrió hacia él y lo abrazó con ternura. Era como si el padre ignorara por completo los pecados de su hijo pródigo.

El hijo supo que ese era el momento. En medio del abrazo de su padre, comenzó su discurso de arrepentimiento. Si lograba mostrar suficiente sinceridad, si su padre lo escuchaba, tal vez lo aceptaría como uno de sus jornaleros.

> Y el hijo le dijo: «Padre, he pecado contra el cielo y ante ti; ya no soy digno de ser llamado hijo tuyo». Pero el padre dijo a sus siervos: «Pronto; traigan la mejor ropa y vístanlo; pónganle un anillo en su mano y sandalias en los pies. Traigan el becerro engordado, mátenlo, y comamos y regocijémonos; porque este hijo mío estaba muerto y ha vuelto a la vida; estaba perdido y ha sido hallado». Y comenzaron a regocijarse (Lucas 15:21-24).

El hijo nunca terminó su discurso. El padre lo interrumpió. Fue como si ni siquiera hubiera escuchado la confesión cuidadosamente preparada de su hijo. No la reconoció ni respondió a ella. Estaba demasiado ocupado ordenando con apremio a sus siervos que trajeran lo mejor de lo mejor para su hijo.

Incluso pidió que mataran el ternero más gordo para celebrar con un gran banquete. Nada de lo que el hijo había hecho en el país lejano, ni siquiera su discurso, pareció importar. A pesar de las acciones del hijo pródigo, la actitud y las acciones del padre fueron aún más extravagantes.

El arrepentimiento del hijo estaba totalmente equivocado. No comprendía la gracia de su padre. Antes de ser interrumpido por su padre, estaba a punto de pedir un contrato. Quería que su padre lo aceptara como alguien que trabaja por un salario.

Pero el padre no le dio la oportunidad de pedir un contrato. Siempre fue su padre, sin importar cómo se hubiera comportado su hijo. No trató con su hijo perdido conforme a la ley. El padre no escatimó en gastos para celebrar el regreso de su hijo perdido. El regreso del hijo no se caracterizó por un largo viaje de vuelta a casa, sino por el padre corriendo hacia él cuando todavía estaba lejos.

Nuestro Padre celestial no acepta nuestro arrepentimiento defectuoso. Cuando aún estábamos lejos, nuestro Padre celestial vino corriendo hacia nosotros. El apóstol Pablo escribe: «Pero Dios demuestra su amor para con nosotros, en que siendo aún pecadores, Cristo murió por nosotros» (Romanos 5:8).

Cuando todavía éramos pecadores, nuestro Padre celestial nos abrazó en las aguas del bautismo, dándonos la bienvenida como sus hijos amados. Nuestro Padre no tarda en vestirnos con la mejor túnica en el bautismo: la túnica de Cristo.[43] Jesús, el becerro engordado, fue crucificado por nosotros para que podamos comer y celebrar en el banquete de bodas del Cordero.

El pasado queda olvidado. El Señor dice: «Yo, yo soy el que borro tus transgresiones por amor a mí mismo, y no recordaré tus pecados» (Isaías 43:25). Nuestros pecados son lavados en las aguas del bautismo. Por medio del agua y la Palabra, nos convertimos en receptores de todos los dones que nuestro Padre celestial nos concede con gracia. Estábamos muertos en nuestros delitos y pecados, pero ahora vivimos de nuevo por medio del agua y la Palabra. Y ahora que el Dios trino nos ha traído a casa y ha hecho todo por nosotros, ¡celebramos!

Padre celestial, tú nos has lavado de nuestros pecados en el santo bautismo. Has puesto tu santo nombre sobre nosotros y nos has hecho tus amados hijos. Envía a tu Espíritu Santo para consolarnos con las promesas que nos has dado en el bautismo. Arrepiéntenos cada día, para que muramos al pecado y vivamos en el perdón ganado por la muerte y resurrección de tu Hijo por nosotros. Amén.

PARA SEGUIR REFLEXIONANDO, LEE LUCAS 15:1-32.

[43] Gálatas 3:27.

Agua y Palabra

JESÚS LES DIJO: «LLENEN DE AGUA LAS TINAJAS». Y LAS LLENARON HASTA EL BORDE. ENTONCES LES DIJO: «SAQUEN AHORA UN POCO Y LLÉVENLO AL MAYORDOMO». Y SE LO LLEVARON. EL MAYORDOMO PROBÓ EL AGUA CONVERTIDA EN VINO, SIN SABER DE DÓNDE ERA, PERO LOS QUE SERVÍAN, QUE HABÍAN SACADO EL AGUA, LO SABÍAN. ENTONCES EL MAYORDOMO LLAMÓ AL NOVIO.

—Juan 2:7-9

La fiesta estaba a punto de terminar abruptamente. La madre de Jesús se le acercó con cuatro palabras que anunciaban el fin de la celebración: «Ya no tienen vino» (Jn 2:3). Sin vino, no hay banquete de bodas. Sin vino, no hay bebida. Sin vino, la fiesta está muerta.

Era el tercer día, escribe el apóstol Juan, cuando el banquete de bodas en Caná estaba a punto de detenerse por completo. Fue en ese tercer día que la madre de Jesús lo miró, esperando que resucitara lo que pronto sería una fiesta acabada.

Aunque Jesús le respondió con delicadeza: «... todavía no ha llegado mi hora» (Jn 2:4), aparentemente no pudo evitar asegurarse de que la fiesta continuara. Jesús instruyó a los sirvientes que llenaran de agua las tinajas de purificación, y luego que llevaran un poco al maestro de ceremonias.

> El mayordomo probó el agua convertida en vino, sin saber de dónde era, pero los que servían, que habían sacado el agua, lo sabían. Entonces el mayordomo llamó al novio, y le dijo: «Todo hombre sirve primero el vino bueno, y cuando ya han tomado bastante, entonces el inferior; pero tú has guardado hasta ahora el vino bueno» (Juan 2:9-10).

En el tercer día, en una celebración nupcial que estaba prácticamente muerta en Caná, Jesús tomó agua combinada con su Palabra y devolvió la vida a la celebración —con abundancia. Sin su Palabra y su mandato, la fiesta habría terminado.

En el tercer día, Jesús resucitó el banquete de bodas. El agua transformada en vino por la palabra de Jesús fue incluso mejor que el vino de más alta calidad con el que había comenzado la fiesta. El vino creado por medio del agua y la Palabra de Jesús fue lo mejor de lo mejor.

Los sirvientes tuvieron un asiento en primera fila para observar con asombro cómo Jesús, la Palabra de Dios hecha carne, transformó el agua en vino. Ellos no tenían ningún poder en sí mismos. Ninguna decisión de sacar agua habría podido convertirla en vino. Fueron las palabras y el mandato de Jesús los que lo hicieron todo. Jesús fue, y sigue siendo, el que actúa y el que da.

A lo largo de los Evangelios, Jesús habla en parábolas sobre el reino de los cielos como un gran banquete de bodas: una celebración gozosa entre su amada novia (la Iglesia) y él mismo (el esposo).[44] Por medio del agua y la Palabra, somos introducidos a este banquete de bodas del Cordero.[45]

Ser bautizado es ser incluido en la fiesta. Así como Jesús fue el actor principal y el dador en Caná, también lo es en el regalo del bautismo. Jesús da libremente, y nosotros recibimos con gratitud. El reformador Martín Lutero escribió:

> «El bautismo no es otra cosa que agua y la Palabra de Dios en conjunto; es decir, cuando la Palabra acompaña al agua, el bautismo es válido, aunque falte la fe. Porque no es mi fe la que constituye el bautismo, sino que lo recibe».[46]

Nuestra fe no hace el bautismo. La fe recibe el don del perdón de nuestros pecados y el don del Espíritu Santo por medio del bautismo. Por medio del agua y la Palabra, Jesús derrama sobre nosotros solo los mejores dones.

---

[44] Mateo 25:1-13. Lucas 14:12-24.

[45] Apocalipsis 19:9.

[46] Catecismo Mayor IV, 53.

Nuestro Señor da en abundancia. A través del agua unida a la Palabra de Dios, recibimos una promesa: nuestros pecados son perdonados, somos revestidos con Cristo, seremos resucitados en una resurrección como la suya,[47] y seremos bienvenidos al banquete de bodas del Cordero para celebrar con todos los santos.

Jesús proveyó el vino para una fiesta de bodas con su Palabra y unas tinajas de agua. Con su Palabra y agua común, Jesús ha provisto todo lo necesario para nuestra salvación. Nuestra naturaleza pecaminosa es sepultada con Cristo en el bautismo, y somos revestidos con lo mejor: la justicia de Cristo.[48]

Se nos da el don del Espíritu Santo y somos hechos hijos de nuestro Padre celestial.

Padre celestial, tú nos has lavado de nuestros pecados en el santo bautismo. Has puesto tu santo nombre sobre nosotros y nos has hecho tus amados hijos. Envía a tu Espíritu Santo para consolarnos con las promesas que nos has dado en el bautismo. Arrepiéntenos cada día, para que muramos al pecado y vivamos en el perdón ganado por la muerte y resurrección de tu Hijo por nosotros. Amén.

PARA SEGUIR REFLEXIONANDO, LEE JUAN 2:1-12.

[47] Romanos 6:5.

[48] Gálatas 3:27.

SEMANA TRES

Un exorcismo bautismal

Y ÉL LES DIO VIDA A USTEDES, QUE ESTABAN MUERTOS EN SUS DELITOS Y PECADOS, EN LOS CUALES ANDUVIERON EN OTRO TIEMPO SEGÚN LA CORRIENTE DE ESTE MUNDO, CONFORME AL PRÍNCIPE DE LA POTESTAD DEL AIRE, EL ESPÍRITU QUE AHORA OPERA EN LOS HIJOS DE DESOBEDIENCIA. ENTRE ELLOS TAMBIÉN TODOS NOSOTROS EN OTRO TIEMPO VIVÍAMOS EN LAS PASIONES DE NUESTRA CARNE, SATISFACIENDO LOS DESEOS DE LA CARNE Y DE LA MENTE, Y ÉRAMOS POR NATURALEZA HIJOS DE IRA, LO MISMO QUE LOS DEMÁS.

—Efesios 2:1-3

En la carta a los Efesios, el apóstol Pablo habla con profunda seriedad sobre nuestro estado antes del bautismo, antes de haber sido unidos a Cristo. Escribe que estábamos muertos en nuestros delitos. Y aún más grave: no solo estábamos muertos para con Dios a causa del pecado, sino que también éramos esclavos, obedeciendo la voluntad del príncipe del poder del aire, Satanás.

Los que están muertos no pueden resucitarse a sí mismos. Hijos de ira —como Pablo describe nuestra vida fuera de Cristo— no pueden hacerse hijos de Dios por su propio esfuerzo. La descripción que el apóstol hace de nuestra naturaleza pecaminosa no es solo la de una muerte pasiva en transgresiones, sino una enemistad activa contra Dios.

Nos hicimos enemigos de Dios por el pecado, rebelándonos contra su palabra. Pero Dios, que es rico en misericordia, no nos abandonó ni nos dejó cautivos en nuestro pecado. En fuerte contraste con nuestras acciones y pecados que nos llevaron a la muerte, el apóstol expone lo que Dios ha hecho por nosotros en Cristo. Pablo escribe: «Pero Dios, que es rico en misericordia, por causa del gran amor con que nos amó, aun cuando estábamos muertos en nuestros delitos, nos dio vida juntamente con Cristo —por gracia ustedes han sido salvados» (Efesios 2:4-5).

El teólogo Dr. Norman Nagel habla sobre la obra de Dios al librarnos del dominio de Satanás mediante el bautismo. Escribe:

> «Por el bautismo, el Señor nos salva y nos hace suyos. La única alternativa a pertenecerle a él es pertenecer al diablo. Por eso Satanás debe ser expulsado y renunciado... El dominio de Satanás es el dominio del pecado. El bautismo nos libera de esto».[49]

---

[49] Norman E. Nagel, *Holy Baptism*, en *Lutheran Worship: History and Practice*, ed. Fred L. Precht. Concordia Publishing House, 1993, p. 273.

Nuestro Señor nos arrebata del reino de Satanás, el príncipe del poder del aire. Ya no pertenecemos al diablo. Llevamos el nombre del Dios trino sobre nosotros en el bautismo, y hemos sido traídos al reino de Dios. Nuestro Señor resucitado pagó la deuda de muerte por nuestras transgresiones. Dios, rico en misericordia, nos bautizó, liberándonos del poder que el pecado, la muerte y el diablo una vez ejercieron sobre nosotros.

En su obra *El orden del bautismo* (1523), el reformador Martín Lutero escribió una liturgia (o servicio de adoración) para el bautismo de una manera algo peculiar. Él instruye que el servicio de bautismo comience con estas palabras: «Sal, espíritu inmundo, y deja lugar al Espíritu Santo».[50]

Lutero comparaba la obra de Dios en el bautismo a un exorcismo. En el bautismo, es Dios quien actúa. Así como Jesús expulsaba demonios por medio de su Palabra, nuestro rescate viene a través de la palabra poderosa de Jesús. No podemos hacernos hijos de Dios por nosotros mismos. No podemos limpiarnos de nuestro pecado. La vida y el rescate deben venir de afuera.

El bautismo nos da valor para proclamar a nuestro Señor misericordioso, quien nos llama suyos, y para renunciar al diablo y a nuestra naturaleza pecaminosa. ¡Somos bautizados y liberados! Somos libres para confesar y proclamar al Dios lleno de gracia que nos salvó del dominio del pecado, la muerte y el diablo, por medio del agua y su Palabra.

---

[50] Martin Luther, *Luther's Works, Volume 53: Liturgy and Hymns*, ed. Ulrich S. Leupold, ed. gen. Helmut T. Lehmann. Fortress Press, 1965, p. 96.

Con confianza, podemos cantar con el famoso himnólogo Erdmann Neumeister:

> «¡Satanás, escucha esta proclamación: estoy bautizado en Cristo!... Ya que he llegado a la fuente, todo tu poder se ha disuelto y, contra tu tiranía, ¡Dios, mi Señor, está conmigo!».[51]

Nosotros, que antes éramos enemigos de Dios, ahora somos hijos de Dios por medio del bautismo. Nuestro Señor les promete a sus santos bautizados que nunca los dejará.[52] Hemos sido marcados y nombrados en el santo bautismo como suyos. Nada puede separarnos de la promesa que nuestro Señor nos ha hecho en nuestro bautismo.[53] Nuestros pecados han sido perdonados. Satanás, con su poder sobre nosotros, ha sido expulsado por nuestro Redentor. Somos sus santos bautizados y amados.

Padre celestial, tú nos has unido a tu Hijo en el santo bautismo. A través del agua común, unida a tu poderosa y misericordiosa Palabra, nos has regalado tu Espíritu Santo. Recuerda todas tus promesas mientras vivimos como tus hijos bautizados, perdonados y santificados por la obra de tu Hijo. Llévanos con gracia al arrepentimiento diario y perdona nuestros pecados conforme a tu promesa. Amén.

PARA SEGUIR REFLEXIONANDO, LEE EFESIOS 2:1-22.

---

[51] Erdmann Neumeister, *Hymn 594*, en *Lutheran Service Book: Pew Edition*. Concordia Publishing House, 2006.

[52] Mateo 28:20.

[53] Romanos 8:38-39.

Agua común

ENTONCES ÉL BAJÓ Y SE SUMERGIÓ SIETE VECES EN EL JORDÁN CONFORME A LA PALABRA DEL HOMBRE DE DIOS; Y SU CARNE SE VOLVIÓ COMO LA CARNE DE UN NIÑO, Y QUEDÓ LIMPIO.

—2 Reyes 5:14

Naamán era un comandante condecorado de uno de los ejércitos más poderosos de Siria. Era un líder valiente. Pero también era leproso. Y ninguna cantidad de victorias militares ni de valentía podía quitarle aquella enfermedad. Naamán no podía sanarse a sí mismo.

Al enterarse de un profeta en Israel, Naamán recobró la esperanza. Tal vez, solo tal vez, por fin podría ser libre de la lepra que lo aquejaba. Después de hablar con su rey, Naamán partió a reunirse con el rey de Israel. Consciente de la importancia de una buena primera impresión, el rey de Siria envió a Naamán con una generosa carga de regalos para el rey de Israel.

Sin embargo, en lugar de recibir este obsequio diplomático, el rey de Israel se llenó de angustia hasta el punto de rasgarse las vestiduras. Naamán no podía comprar ni sobornar su curación. El rey de Israel sabía que no tenía poder para sanarlo.

Cuando el profeta Eliseo se enteró de la visita de Naamán, intervino y pidió que Naamán fuera a su casa. Pero había un problema: según la ley levítica, Naamán era impuro por su lepra.

Para evitar el riesgo de volverse impuro, Eliseo no lo recibió en persona, sino que le envió un mensajero con este mensaje: «... ve y lávate en el Jordán siete veces, y tu carne se te restaurará y quedarás limpio» (2 Reyes 5:10).

Naamán se sintió ofendido e indignado. Esperaba mucho más de aquel gran profeta de Israel. Por lo menos, esperaba que Eliseo saliera a recibirlo. En el fondo, quería un espectáculo milagroso: que el profeta agitara su mano sobre la lepra, invocara el nombre del Señor su Dios y lo curara.

¿Acaso el profeta no sabía que ni siquiera era el mejor río? No había nada especial en esas instrucciones. Pero, animado por sus siervos, Naamán fue al río Jordán, aunque a regañadientes. Naamán descendió y se sumergió siete veces en el Jordán, tal como Eliseo le había ordenado, y fue sanado, conforme a la palabra del profeta. De hecho, fue sanado de tal manera que su carne no solo se restauró, sino que se volvió «como la de un niño» (2 Reyes 5:14).

El río Jordán, donde la lepra de Naamán fue sanada, es el mismo río donde Jesús fue bautizado tiempo después. Fue a orillas de ese río que Juan declaró: «¡Aquí tienen al Cordero de Dios, que quita el pecado del mundo!» (Jn 1:29). Fue en el río Jordán donde Jesús fue bautizado y ungido con nuestra lepra espiritual: nuestro pecado.

En el bautismo de Jesús ocurre lo inverso. Él entra puro y sin pecado, y sale llevando nuestra suciedad, nuestra enfermedad del pecado. Por medio del agua y su Palabra, nosotros recibimos su justicia en las aguas del bautismo y somos limpiados. Como leprosos espirituales, nosotros tampoco podíamos sanarnos a nosotros mismos. Necesitábamos a alguien externo que nos limpiara y nos quitara el pecado.

El bautismo, al igual que el lavamiento de Naamán en el Jordán, no es un evento ostentoso a los ojos humanos. Sin embargo, algo extraordinario ocurre en las aguas ordinarias del bautismo. Dios hace lo extravagante: nos limpia de nuestro pecado, nos marca con el nombre de la Trinidad y nos hace hijos de nuestro Padre celestial. Con unas pocas gotas de agua, Jesús absorbe nuestro pecado, y nosotros quedamos empapados de su justicia.

A diferencia de Naamán, no necesitamos hacer un viaje a un lugar específico para ser purificados. La eficacia del santo bautismo no reside en el agua en sí, ni siquiera en la persona bautizada. Cualquier agua usada en unión con la Palabra de Dios lava los pecados.

En su oración bautismal, Martín Lutero describe así las aguas comunes del bautismo:

> «Por el bautismo de tu amado Hijo, nuestro Señor Jesucristo, tú has consagrado y apartado el Jordán y toda agua como un torrente saludable y un rico y pleno lavamiento de los pecados».[54]

La obra salvadora del bautismo está en la Palabra unida a las aguas del bautismo. Allí, Jesús nos restaura; allí se nos da su justicia y su vida. En el diluvio del bautismo, nuestra naturaleza pecaminosa es ahogada y una nueva persona resucita en Cristo. Por nosotros, Jesús fue bautizado, para que, en nuestro bautismo, él nos hiciera limpios.

Padre celestial, tú nos has unido a tu Hijo en el santo bautismo. A través del agua común, unida a tu poderosa y misericordiosa Palabra, nos has regalado tu Espíritu Santo. Recuerda todas tus promesas mientras vivimos como tus hijos bautizados, perdonados y santificados por la obra de tu Hijo. Llévanos con gracia al arrepentimiento diario y perdona nuestros pecados conforme a tu promesa. Amén.

PARA SEGUIR REFLEXIONANDO, LEE 2 REYES 5:1-14.

[54] Martin Luther, *Luther's Works: Liturgy and Hymns*, vol. 53, ed. Ulrich S. Leupold. Fortress Press, 1965, p. 107.

Hisopo bautismal

PURIFÍCAME CON HISOPO Y SERÉ LIMPIO;
LÁVAME Y SERÉ MÁS BLANCO QUE LA NIEVE.

—Salmos 51:7

En el libro del Levítico, Dios dio a su pueblo una serie de leyes sobre la pureza. Según la ley levítica, todo lo que era impuro transmitía su impureza a quienes lo tocaban. Sin embargo, cuando Jesús toca lo impuro, ocurre lo contrario.

En el libro de Números, las leyes de purificación detallan el procedimiento para la limpieza tras el contacto con un cadáver. Este protocolo de purificación incluía el uso del hisopo para rociar agua sobre cualquier cosa impura en el tercer y séptimo día. En la noche del séptimo día, después de haberse lavado, la persona quedaba limpia y podía entrar al octavo día completamente purificada.[55]

En cuanto a aquellos que eran impuros por una afección en la piel, como la lepra, el libro de Levítico también establece

---

[55] Números 19:18-19.

instrucciones para su restauración. Si alguien era sanado de lepra, debía seguir un proceso de purificación de siete días antes de ser declarado limpio por completo en el octavo día. Este rito también incluía el uso de hisopo. El sacerdote debía mojar el hisopo en sangre y agua, y rociar al que había sido sanado.[56]

Mientras Jesús predicaba y enseñaba sobre el reino de los cielos, sanaba toda clase de enfermedades. Él hace limpio al impuro. Tiene misericordia de los que claman a él, como el leproso en el Evangelio de Marcos:

> Un leproso vino rogando a Jesús, y arrodillándose, le dijo: «Si quieres, puedes limpiarme». Movido a compasión, extendiendo Jesús la mano, lo tocó y le dijo: «Quiero; sé limpio». Al instante la lepra lo dejó y quedó limpio (Marcos 1:40-42).

En el Salmo 51, el salmista David clama de manera similar para que el Señor tenga misericordia de él y lo limpie. David escribe:

> Ten piedad de mí, oh Dios, conforme a tu misericordia; conforme a lo inmenso de tu compasión, borra mis transgresiones. Lávame por completo de mi maldad, y límpiame de mi pecado [...] Purifícame con hisopo, y seré limpio; lávame, y seré más blanco que la nieve (Salmos 51:1-2, 7).

Conmovido por la compasión, Jesús extendió sus manos en la cruz. Al extender sus manos traspasadas por los clavos, Jesús nos dice: «Sí, quiero. ¡Queda limpio!». Jesús tomó sobre sí nuestra impureza y nos hace limpios con su justicia.

---

[56] Levítico 14:6-7.

Así pues, Jesús es nuestro hisopo purificador. En las aguas del bautismo, somos rociados con el agua y la Palabra mientras Jesús, nuestro hisopo bautismal, nos limpia de toda injusticia.

En el libro del Éxodo encontramos otra instrucción del Señor sobre el uso del hisopo. Cada familia debía marcar los postes de sus puertas con la sangre del cordero de la Pascua usando una rama de hisopo, y el Señor perdonaba la vida del primogénito en aquellos hogares marcados con la sangre del cordero.[57] En el bautismo, el agua y la Palabra nos marcan con la sangre salvadora de Cristo, nuestro Cordero pascual.

Jesús nos dice que las Escrituras dan testimonio de él y de su obra redentora.[58] Todas esas leyes levíticas encuentran su cumplimiento en Cristo.

Es Jesús quien nos purifica. Nos lava en el diluvio del bautismo y nos deja más blancos que la nieve con su pureza, su justicia. Jesús desea que seamos limpiados de nuestro pecado y vivamos para siempre con él en justicia. Conforme a su amor inagotable y su abundante misericordia, en el bautismo nuestras transgresiones son borradas para siempre en la muerte del Cordero de Dios. En Cristo, nuestras conciencias quedan purificadas para siempre, y resucitamos de la muerte del pecado a una nueva vida en él.

---

[57] Éxodo 12:22.

[58] Juan 5:39.

Padre celestial, tú nos has unido a tu Hijo en el santo bautismo. A través del agua común, unida a tu poderosa y misericordiosa Palabra, nos has regalado tu Espíritu Santo. Recuerda todas tus promesas mientras vivimos como tus hijos bautizados, perdonados y santificados por la obra de tu Hijo. Llévanos con gracia al arrepentimiento diario y perdona nuestros pecados conforme a tu promesa. Amén.

PARA SEGUIR REFLEXIONANDO, LEE EL SALMO 51.

Lavamiento de regeneración

ÉL NOS SALVÓ, NO POR LAS OBRAS DE JUSTICIA QUE NOSOTROS HUBIÉRAMOS HECHO, SINO CONFORME A SU MISERICORDIA, POR MEDIO DEL LAVAMIENTO DE LA REGENERACIÓN Y LA RENOVACIÓN POR EL ESPÍRITU SANTO.

—Tito 3:5

Leer las cartas o epístolas del apóstol Pablo a las iglesias del Mediterráneo se siente un poco como leer el correo de otra persona. A lo largo de sus cartas en el Nuevo Testamento, Pablo aborda circunstancias específicas dentro de las iglesias. Amonesta y anima a las iglesias y a los santos que están en ellas.

En su carta a Tito, Pablo escribe a su compañero en el ministerio. En su saludo, le dice: «A Tito, verdadero hijo en la común fe: gracia y paz de parte de Dios el Padre y de Cristo Jesús nuestro Salvador» (Tit 1:4). Exhorta a Tito a continuar enseñando la sana doctrina y lo anima a las buenas obras, en respuesta al evangelio.

Mientras anima a Tito a realizar buenas obras en su vocación, Pablo interrumpe su carta para recordarle lo que Dios hizo en el bautismo. Escribe:

> Pero cuando se manifestó la bondad de Dios nuestro Salvador, y su amor hacia la humanidad, él nos salvó, no por las obras de justicia que nosotros hubiéramos hecho, sino conforme a su misericordia, por medio del lavamiento de la regeneración y la renovación por el Espíritu Santo, que él derramó sobre nosotros abundantemente por medio de Jesucristo nuestro Salvador, para que justificados por su gracia fuéramos hechos herederos según la esperanza de la vida eterna (Tito 3:4-7).

En medio de su exhortación a amar y cuidar al prójimo, Pablo deja claro que nuestras obras no sirven para salvarnos. No podemos hacer nada para ganar o merecer la salvación. Todo —incluido el bautismo— es un regalo puro y lleno de gracia.

El bautismo no es un simple ritual que realizamos para demostrar nuestra fe o compromiso con Dios. ¡Es mucho más! Este baño milagroso de regeneración y renovación por el Espíritu Santo nos salva, aun cuando estamos muertos en nuestros delitos, porque no depende de nosotros.

Pablo escribe en la carta a los Romanos que nadie busca a Dios. No tenemos buenas obras que ofrecer ni entendimiento propio.[59] Estábamos completa y devastadoramente muertos en nuestros pecados.[60] Pero, por la bondad y el amor de nuestro Salvador y por su obra, mediante el lavamiento de la regeneración por el Espíritu Santo, somos recibidos en casa como hijos de nuestro Padre celestial.

El reformador Martín Lutero lo expresa de esta manera:

> «Observa bien, entonces, que el bautismo es agua con la Palabra de Dios, no agua y mi fe. Mi fe no hace el bautismo, sino que lo recibe, sin importar si la persona que se bautiza cree o no; porque el bautismo no depende de mi fe, sino de la Palabra de Dios».[61]

El bautismo no es una promesa que hacemos a Dios, sino un regalo y una promesa que nos hacen el Padre, el Hijo y el Espíritu Santo. Es una promesa de perdón de los pecados y vida eterna. Es una promesa de que, aunque pecamos cada día, el Señor nos concede arrepentimiento, llevándonos de regreso a nuestro bautismo, al lugar donde él ha prometido estar para nosotros con perdón y gracia.

Al concluir su carta a Tito, Pablo nuevamente exhorta a su querido amigo en el ministerio a las buenas obras. Anima a los bautizados a dedicarse a las buenas obras dentro de su vocación. A la luz de todo lo que Dios nos ha regalado

---

[59] Romanos 3:10-12.

[60] Efesios 2:4-5.

[61] Martin Luther, *Luther's Works, Volume 51: Sermons 1.* Editado y traducido por John W. Doberstein, ed. gen. Helmut T. Lehmann. Muhlenberg Press, 1959, p. 186.

mediante el agua y la Palabra, somos libres para amar, servir y perdonar a quienes nos rodean, tal como hemos sido amados, servidos y perdonados por el Padre, el Hijo y el Espíritu Santo en el bautismo.

Padre celestial, tú nos has unido a tu Hijo en el santo bautismo. A través del agua común, unida a tu poderosa y misericordiosa Palabra, nos has regalado tu Espíritu Santo. Recuerda todas tus promesas mientras vivimos como tus hijos bautizados, perdonados y santificados por la obra de tu Hijo. Llévanos con gracia al arrepentimiento diario y perdona nuestros pecados conforme a tu promesa. Amén.

PARA SEGUIR REFLEXIONANDO, LEE TITO 3:1-15.

Atrapados por la Palabra

NO TEMAS, DESDE AHORA SERÁS PESCADOR DE HOMBRES.

—Lucas 5:10

Después de una noche agotadora de pesca sin resultado alguno, los pescadores cansados estaban limpiando sus redes y preparándose para irse a casa. Pero justo cuando estaban lavando sus redes, llegó Jesús. Sentado en la barca de Simón, Jesús comenzó a enseñar a la multitud junto al lago. Cuando terminó de hablar a las personas, se volvió hacia Simón y le dijo: «... sal a la parte más profunda y echen sus redes para pescar» (Lucas 5:4). Simón estaba reacio. Después de trabajar toda la noche sin éxito, le parecía poco probable que ahora, en plena luz del día, pudieran pescar algo «... pero porque tú lo pides, echaré las redes» (Lucas 5:5), respondió.

Cuando echaron las redes según la Palabra, sucedió algo inesperado. Las redes se tensaron de golpe, pesadas por una captura sorprendente que se debatía con fuerza. Abrumados, llamaron de inmediato a sus compañeros para pedir ayuda. Había tantos peces que no podían contarlos, y sus barcas comenzaron a llenarse con los cuerpos escamosos y resbalosos. No solo las redes empezaron a romperse por el peso, sino que también las barcas comenzaban a hundirse.

Cuando Simón (también llamado Pedro) presenció lo ocurrido, cayó de rodillas ante Jesús confesando su pecado. Abrumado por la pesca milagrosa, Pedro cayó a los pies de Jesús diciendo: «... ¡Apártate de mí, Señor; pues soy hombre pecador!» (Lc 5:8). Pero Jesús tuvo misericordia de Pedro y le habló con ternura al pescador lleno de temor: «... no temas, desde ahora serás pescador de hombres» (Lucas 5:10).

Jesús le dijo a Pedro que, a partir de ese momento, sería un pescador diferente. Y, simplemente por la Palabra de Jesús, Pedro lo dejó todo y lo siguió.

Así como esas multitudes de peces fueron atrapadas en las redes por la Palabra de Dios, también nosotros somos atrapados por la Palabra de Dios en nuestro bautismo. Somos sacados de las profundidades turbias del pecado y la muerte, y colocados en las aguas salvadoras del santo bautismo. Es allí, en las aguas del bautismo, en el perdón de los pecados y la promesa de vida eterna, donde continuamos habitando.

El padre de la iglesia Tertuliano escribe sobre el bautismo:

> «Pero nosotros, los pececillos, siguiendo el ejemplo de nuestro ΙΧΘΥΣ Jesucristo, nacemos en el agua y no tenemos seguridad de ninguna otra manera que permaneciendo en el agua; por eso, aquella criatura monstruosa, que ni siquiera tenía derecho a enseñar la sana doctrina, sabía muy bien cómo matar a los pececillos: ¡sacándolos del agua!».[62]

No decimos «fui bautizado», como si fuera un evento del pasado. Decimos: «¡soy bautizado!», porque es una realidad presente que define quiénes somos hoy. Somos pececillos que habitan en las aguas bautismales de la vida. Hemos sido rociados con agua y con la Palabra en la fuente bautismal, y hemos sido traídos a la iglesia mediante la red del evangelio. Jesús dijo: «Pero yo, si soy levantado de la tierra, atraeré a todos a mí mismo» (Jn 12:32). En su muerte por nuestros pecados, Jesús lanza la red y nos atrae hacia su muerte y resurrección por nosotros.

Así como los pescadores quedaron abrumados por la cantidad de peces, al punto de que las redes comenzaban a romperse y las barcas a hundirse, así también nosotros estamos cargados con los dones entregados en nuestro bautismo. Hemos recibido gracia sobre gracia, como escribe Juan en su evangelio.[63]

En nuestro bautismo, nadamos y vivimos para siempre en el océano infinito del perdón. No por nuestra fuerza, sino por la

---

[62] Tertullian, *On Baptism*. Lighthouse Christian Publishing, 2015, p. 6.

[63] Juan 1:16.

Palabra del Señor, hemos sido atraídos al perdón de los pecados y a la vida abundante, al ser bautizados en el nombre del Padre, del Hijo y del Espíritu Santo. Recordar nuestro bautismo es volvernos en arrepentimiento a nuestro Señor, confesando nuestro pecado como Pedro e Isaías, solo para escuchar la voz suave y consoladora de Jesús que dice: «No tengas miedo, tus pecados han sido perdonados».

Padre celestial, tú nos has unido a tu Hijo en el santo bautismo. A través del agua común, unida a tu poderosa y misericordiosa Palabra, nos has regalado tu Espíritu Santo. Recuerda todas tus promesas mientras vivimos como tus hijos bautizados, perdonados y santificados por la obra de tu Hijo. Llévanos con gracia al arrepentimiento diario y perdona nuestros pecados conforme a tu promesa. Amén.

PARA SEGUIR REFLEXIONANDO, LEE LUCAS 5:1-11.

Creyente

VAYAN, PUES, Y HAGAN DISCÍPULOS DE TODAS LAS NACIONES, BAUTIZÁNDOLOS EN EL NOMBRE DEL PADRE Y DEL HIJO Y DEL ESPÍRITU SANTO, ENSEÑÁNDOLES A GUARDAR TODO LO QUE LES HE MANDADO; Y ¡RECUERDEN! YO ESTOY CON USTEDES TODOS LOS DÍAS, HASTA EL FIN DEL MUNDO.

—Mateo 28:19-20

Después de todos los milagros que habían presenciado, algunos todavía dudaban. Vieron a Jesús sanar enfermos e, incluso, resucitar muertos. Y, aun así, su fe vacilaba. Jesús los llamó a cada uno por su nombre para seguirlo, pero aun así tropezaban. Lo vieron crucificado, muerto, sepultado y resucitado al tercer día. Pero no podían, por su propia fuerza, creer.

Mateo relata que los discípulos se reunieron en un monte de Galilea, tal como Jesús les había indicado: «Cuando lo vieron, lo adoraron; pero algunos dudaron» (Mt 28:17).

En medio de la incredulidad de sus propios discípulos, Jesús les da la solución: el don del bautismo. Allí mismo, en el monte, les instruyó a ir y hacer discípulos, bautizándolos en el nombre del Padre, del Hijo y del Espíritu Santo.

La eficacia del bautismo no radica en la persona que lo recibe, ni proviene del agua en sí. El poder del bautismo está en la Palabra de Dios, en las promesas de Jesús y en el Espíritu Santo que se nos da en este don sacramental. Jesús dijo a sus discípulos: «Toda autoridad me ha sido dada en el cielo y en la tierra» (Mt 28:18). Jesús, quien murió y resucitó por nosotros, tiene autoridad para cumplir lo que promete.

Un milagro ocurre cuando la incredulidad y la duda son expulsadas por la obra del Espíritu Santo. La Palabra nos atrapa en el bautismo y se une a nosotros. Por medio del agua y la Palabra, somos creídos por gracia, revividos y dotados de la confianza para creer en las promesas de Dios.

El teólogo Gerhard Forde escribe lo siguiente sobre el sacramento del santo bautismo:

> «Es una Palabra de Dios dirigida directa y concretamente a nosotros. Lleva nuestro nombre. No hay error posible sobre a quién se dirige... Es concreta e inequívocamente "para ti". Dios te reclama y quedas sellado con la señal de la cruz para siempre».[64]

Cuando enfrentamos la duda y la incredulidad, nos aferramos a la certeza de la obra de Dios por nosotros en el bautismo.

---

[64] Gerhard O. Forde, *Theology is for Proclamation*. Fortress Press, 1990, p. 166.

Nuestra fe no depende de nuestros sentimientos, sino que descansa únicamente en la promesa inquebrantable del Señor. El consuelo que tenemos en el bautismo es que nuestro Señor nos habla directa y concretamente, declarando: «... no temas porque yo te he redimido; te he llamado por tu nombre; mío eres tú» (Isaías 43:1). El Espíritu Santo crea en nosotros la fe que no podemos producir por nosotros mismos, mientras el Padre, el Hijo y el Espíritu Santo nos bañan y nos reviven con agua y Palabra.

El evangelio se aplica directamente y de manera personal a nosotros en el bautismo. Jesús le habló palabras de paz a su discípulo incrédulo, Tomás: «¡La paz sea con ustedes!... Pon tu dedo aquí y mira mis manos. Acerca tu mano y métela en mi costado. Y no seas incrédulo, sino hombre de fe» (Jn 20:26-27). Ese mismo Jesús que llamó a su discípulo incrédulo a la fe está presente con nosotros en nuestro bautismo, dándonos el don del Espíritu Santo: el don de la fe.

Después de instituir este sacramento del santo bautismo, Jesús nos consuela con su promesa: «Y ¡recuerden! yo estoy con ustedes todos los días, hasta el fin del mundo» (Mateo 28:20). Jesús nunca abandonará a aquellos sobre quienes ha puesto su nombre. Él promete estar con nosotros hasta el fin de los tiempos, entregándonos sus buenos dones del evangelio: el perdón de los pecados, la vida y la salvación.

Padre celestial, tú nos has unido a tu Hijo en el santo bautismo. A través del agua común, unida a tu poderosa y misericordiosa Palabra, nos has regalado tu Espíritu Santo. Recuerda todas tus promesas mientras vivimos como tus hijos bautizados, perdonados y santificados por la obra de tu Hijo. Llévanos con gracia al arrepentimiento diario y perdona nuestros pecados conforme a tu promesa. Amén.

PARA SEGUIR REFLEXIONANDO, LEE ROMANOS 8:1-17.

Sepultados en el agua

¿O NO SABEN USTEDES QUE TODOS LOS QUE
HEMOS SIDO BAUTIZADOS EN CRISTO JESÚS,
HEMOS SIDO BAUTIZADOS EN SU MUERTE?
POR TANTO, HEMOS SIDO SEPULTADOS CON ÉL
POR MEDIO DEL BAUTISMO PARA MUERTE,
A FIN DE QUE COMO CRISTO RESUCITÓ DE ENTRE
LOS MUERTOS POR LA GLORIA DEL PADRE,
ASÍ TAMBIÉN NOSOTROS ANDEMOS
EN NOVEDAD DE VIDA.

—Romanos 6:3-4

En las páginas de la carta a los Romanos, el apóstol Pablo ha escrito una guía para vivir la vida bautismal. Se adentra en la profundidad de los misterios de lo que Dios ha hecho por nosotros en estas aguas que dan vida.

Para Pablo, el evangelio es, como escribe en el primer capítulo, «poder de Dios para la salvación de todos los que creen» (Ro 1:16). Desde el principio, deja claro que somos justificados aparte de nuestras obras. Es el evangelio —el poder de Dios, no nuestra fuerza— el que obra la salvación. Hemos recibido como regalo la justicia de Cristo. Con cada capítulo, la carta a los Romanos resuena más y más con la grandeza del evangelio.

Y cuando estas páginas desbordan de la gracia inmensa de Dios, Pablo, al comenzar el capítulo seis, parece hacer una pausa. Pregunta: «¿Qué diremos entonces? ¿Continuaremos en pecado para que la gracia abunde?» (Ro 6:1). Pero en vez de responder con la ley, Pablo se aferra aún más al evangelio al exhortar a los romanos a recordar su bautismo.

En el capítulo seis de Romanos encontramos un retrato maravilloso de la realidad que el santo bautismo otorga a los bautizados. La vida bautismal es una vida escondida en Cristo. El bautismo es el evangelio: el poder de Dios para salvación.

El Dios que creó todas las cosas por su poderosa Palabra hizo que su Hijo santo, que no conoció pecado, fuera hecho pecado por nosotros.[65] Cuando Jesús entregó su vida y fue sepultado, nuestros pecados fueron llevados con él a la tumba. Aquel que hizo de su Hijo nuestro pecado, ahora nos hace, por medio del bautismo, la justicia de su Hijo santo.

En el bautismo somos unidos a Cristo en su muerte y sepultados con él. En la pila bautismal, nuestros pecados son enterrados

[65] 2 Corintios 5:21.

en la tumba y nuestra naturaleza pecaminosa es ahogada en el sepulcro. El teólogo Dr. Robert Kolb describe esta sepultura bautismal así: «Dios sepulta a los pecadores en la tumba de Cristo, el único lugar de su universo donde ya no mira».[66]

De una vez por todas, en su muerte, Cristo ha sepultado nuestro pecado consigo mismo. Todos nuestros pecados —pasados, presentes y futuros— han sido crucificados y sepultados con Cristo.

Por medio del santo bautismo, el Dios trino nos toma con el agua y la Palabra, y nos une a Cristo nuestro Señor en su muerte, sepultura *y* resurrección. El apóstol escribe: «Porque si hemos sido unidos a Cristo en la semejanza de su muerte, ciertamente lo seremos también en la semejanza de su resurrección» (Romanos 6:5).

El bautismo no es simplemente un rito simbólico realizado por la iglesia. El bautismo es el poder de Dios para salvación. El bautismo es el evangelio. El bautismo es Jesús mismo, dado por medio del agua y la Palabra de Dios.

Como hijos de Dios bautizados, estamos libres de nuestros pecados y vivos en Cristo, nuestro Señor. Pablo continúa en la carta a los Romanos escribiendo sobre la lucha diaria de la naturaleza pecaminosa contra esta nueva vida en Cristo.

---

[66] Robert Kolb, *The Christian Faith: A Lutheran Exposition*. Concordia Publishing House, 1993, p. 216.

Seguimos siendo, al mismo tiempo, pecadores y santos. Nuestra naturaleza pecaminosa lucha e intenta nadar contra las olas del bautismo, pero al final no prevalecerá.

Nuestro pecado no tiene la última palabra. La última palabra le pertenece a nuestro Dios, quien la pronuncia al bautizarnos, declarándonos como suyos. Por medio del bautismo, nos coloca bajo el cuidado y la persona de Cristo. Nuestros pecados quedan sepultados en esa tumba acuática, y somos libres para vivir en la vida de Cristo: una vida de amor y servicio al prójimo que nos ha sido regalada.

Padre celestial, tú nos has unido a tu Hijo en el santo bautismo. A través del agua común, unida a tu poderosa y misericordiosa Palabra, nos has regalado tu Espíritu Santo. Recuerda todas tus promesas mientras vivimos como tus hijos bautizados, perdonados y santificados por la obra de tu Hijo. Llévanos con gracia al arrepentimiento diario y perdona nuestros pecados conforme a tu promesa. Amén.

PARA SEGUIR REFLEXIONANDO, LEE ROMANOS 6:1-14.

Una nueva identidad

TAMBIÉN EN ÉL USTEDES FUERON CIRCUNCIDADOS CON UNA CIRCUNCISIÓN NO HECHA POR MANOS, AL QUITAR EL CUERPO DE LA CARNE MEDIANTE LA CIRCUNCISIÓN DE CRISTO; HABIENDO SIDO SEPULTADOS CON ÉL EN EL BAUTISMO, EN EL CUAL TAMBIÉN HAN RESUCITADO CON ÉL POR LA FE EN LA ACCIÓN DEL PODER DE DIOS, QUE LO RESUCITÓ DE ENTRE LOS MUERTOS.

—Colosenses 2:11-12

En la profundidad aterciopelada de la oscuridad, un sinfín de estrellas atravesaban el cielo nocturno. La palabra del Señor vino a Abraham y le dijo: «... "Ahora mira al cielo y cuenta las estrellas, si te es posible contarlas". Y añadió: "Así será tu descendencia"» (Génesis 15:5). Las estrellas se convirtieron en una señal de la promesa. Mientras el

Señor inundaba a Abraham con bendiciones, Abraham «creyó al Señor y el Señor se lo reconoció como justicia» (Génesis 15:6).

El Señor no cesa de prometer bendición tras bendición a Abraham. Poco después de esta promesa sobre una descendencia incontable, Dios establece con él el pacto de la circuncisión. El Señor promete:

> Estableceré mi pacto contigo y con tu descendencia después de ti, por todas sus generaciones, por pacto eterno, de ser Dios tuyo y de toda tu descendencia después de ti [...] A la edad de ocho días será circuncidado entre ustedes todo varón por sus generaciones; asimismo el siervo nacido en tu casa, o que sea comprado con dinero a cualquier extranjero, que no sea de tu descendencia (Génesis 17:7, 12).

Este pacto identificaba al pueblo de Dios. Les daba una identidad única, que los distinguía de las demás naciones. En el octavo día, eran marcados como el pueblo escogido por Dios. De los descendientes de Abraham vendría la simiente prometida que aplastaría la cabeza de la serpiente. Esta señal los conectaba con el Cristo prometido, aquel cuya estrella resplandeciente guiaría a los magos.

El apóstol Pablo escribe que todas estas promesas del Antiguo Testamento encuentran su cumplimiento en Cristo.[67] El pacto de la circuncisión halla finalmente su cumplimiento en la obra de Cristo, dada en el sacramento del bautismo.

---

[67] 2 Corintios 1:20.

En el bautismo, Dios cumple su promesa de ser nuestro Dios. El reformador Martín Lutero define lo que significa que Dios sea para nosotros así: «Dios, a su vez, será un Dios para ellos, es decir, les hará el bien en esta vida y en la vida eterna, y lo hará todo por causa de Cristo».[68] En el bautismo, Dios solo obra para nuestro bien, por causa de Cristo.

Por medio del agua y la Palabra, se nos da una promesa sin condiciones. Somos introducidos en el pacto eterno de perdón y vida. El apóstol Pablo escribe: «Y cuando ustedes estaban muertos en sus delitos y en la circuncisión de su carne, Dios les dio vida juntamente con Cristo, habiéndonos perdonado todos los delitos» (Col 2:13). Así como el pueblo de Dios recibió una nueva identidad mediante el pacto de la circuncisión, nosotros también recibimos una nueva identidad en nuestro bautismo.

Esta nueva identidad como hijos bautizados de Dios jamás nos será arrebatada. Nuestra identidad bautismal es un regalo, una promesa de nuestro Dios, quien ha prometido bendecirnos únicamente por causa de Cristo. Es una promesa de que nuestros pecados —pasados, presentes y futuros— han sido perdonados por medio del agua y la Palabra, mientras somos revestidos con las túnicas acuáticas de la justicia de Cristo en el bautismo.

Esta promesa no depende de nosotros, que vacilamos y dudamos, sino de nuestro Dios, quien cumple fielmente su

---

[68] Martin Luther, *Luther's Works*, vol. 3, ed. gen. Jaroslav Pelikan. Concordia Publishing House, 1961, p. 92.

palabra. Por el don del Espíritu Santo, él nos mantiene en la fe, señalándonos una y otra vez las promesas que nos ha dado como santos bautizados.

Padre celestial, tú nos has unido a tu Hijo en el santo bautismo. A través del agua común, unida a tu poderosa y misericordiosa Palabra, nos has regalado tu Espíritu Santo. Recuerda todas tus promesas mientras vivimos como tus hijos bautizados, perdonados y santificados por la obra de tu Hijo. Llévanos con gracia al arrepentimiento diario y perdona nuestros pecados conforme a tu promesa. Amén.

PARA SEGUIR REFLEXIONANDO, LEE COLOSENSES 3:1-17.

SEMANA CUATRO

Aguas iluminadas

PORQUE ÉL NOS LIBRÓ DEL DOMINIO DE LAS TINIEBLAS Y NOS TRASLADÓ AL REINO DE SU HIJO AMADO, EN QUIEN TENEMOS REDENCIÓN: EL PERDÓN DE LOS PECADOS.

—Colosenses 1:13-14

El apóstol Juan abre su evangelio con un lenguaje poético y lleno de imágenes para describir a la segunda persona de la Trinidad, Jesús. Juan lo presenta como la luz que ha venido a disipar la oscuridad del mundo.

La Palabra de Dios como luz era una imagen familiar para Juan, cuyo evangelio está profundamente enraizado en el lenguaje y las imágenes del Antiguo Testamento. Desde los Salmos[69] hasta el profeta Isaías,[70] la Palabra de Dios brilla sobre su pueblo, trayendo vida y disipando las tinieblas.

---

[69] Salmos 119:105.

[70] Isaías 60:1-2.

El Señor siempre está sacando a su pueblo de la oscuridad hacia su luz. En el libro del Éxodo, lo hace al liberar a su pueblo de la esclavitud en Egipto y conducirlo a la luz de la tierra prometida.

A lo largo del Antiguo Testamento, en medio de la rebelión y el pecado de su pueblo, Dios permanece fiel a sus promesas; cumple su palabra a pesar de las acciones de las personas. El salmista escribe:

> Pues fueron rebeldes a los mandatos de Dios y despreciaron los proyectos del Altísimo... (pero) los sacó de la profunda oscuridad, y puso fin a su aflicción y sus cadenas. ¡Alabemos la misericordia del Señor, y sus grandes hechos en favor de los mortales! (Salmos 107:11, 14-15, RVC).

Jesús es la Palabra encarnada de Dios, «La Luz brilla en las tinieblas, y las tinieblas no la comprendieron» (Jn 1:5). Jesús vino a traer vida a un mundo oscurecido por la mancha del pecado. La Luz del mundo nació para absorber nuestra oscuridad en su muerte.

Cuando Jesús fue crucificado por nosotros, el mundo cayó en tinieblas. La tierra tembló, las rocas se partieron, y el velo del templo se rasgó en dos mientras la luz del mundo era apagada por causa de nuestro pecado.[71]

Pero nuestra oscuridad no lo venció. Tres días después, Jesús salió de la oscuridad de su tumba, dejando allí nuestros pecados.

---

[71] Mateo 27:45, 51.

El apóstol Pablo escribe que hemos sido liberados del dominio de las tinieblas. Afirma: «Porque él nos libró del dominio de las tinieblas y nos trasladó al reino de su Hijo amado, en quien tenemos redención: el perdón de los pecados» (Colosenses 1:13-14).

Dios es el que actúa, el que nos libera, sacándonos del reino de las tinieblas y llevándonos al reino de la luz, al reino de su amado Hijo. Así como el pueblo de Dios fue pasivo cuando él lo rescató de la oscuridad de la esclavitud y la rebelión, así también nosotros somos pasivos en nuestra liberación del dominio del pecado, la muerte y el poder del diablo. Jesús hace todo el trabajo: él es quien nos libra.

En el bautismo, la luz del mundo brilla sobre nosotros y disipa las tinieblas de nuestro pecado. Jesús nos libera del reino de la oscuridad en el nombre del Padre, del Hijo y del Espíritu Santo.

En muchas liturgias bautismales de la Iglesia cristiana, a la persona bautizada se le entrega una vela que recibe su luz del cirio pascual. Cada año, esa persona puede encender su vela bautismal y recordar a Cristo, su luz, a quien recibió en el bautismo. Mientras la vela brilla y ahuyenta la oscuridad, nos recuerda la luz de Cristo, que nos ha traído a su gloriosa luz de redención.

Las aguas de nuestro bautismo están iluminadas por Cristo, la luz del mundo. Por sus obras maravillosas, nos ha rescatado del dominio de las tinieblas. Ahora vivimos en el reino de Cristo, un reino sin fin, un reino donde la luz del rostro del

Padre siempre brilla sobre nosotros y nos bendice por lo que Cristo ha hecho a nuestro favor.

Padre celestial, tú has lavado nuestros pecados en el torrente del santo bautismo. Con el agua y tu Palabra, nos has unido a tu Hijo. Recuérdanos cada día nuestro bautismo, donde prometiste ser fiel a todas tus promesas, aun cuando nosotros somos infieles. Perdona nuestros pecados y consérvanos en la fe bautismal por medio de tu Espíritu Santo. Amén.

PARA SEGUIR REFLEXIONANDO, LEE EL SALMO 107.

La palabra final

ESTANDO ELLAS ATERRORIZADAS
E INCLINADOS SUS ROSTROS A TIERRA, ELLOS
LES DIJERON: «¿POR QUÉ BUSCAN ENTRE
LOS MUERTOS AL QUE VIVE? NO ESTÁ AQUÍ,
SINO QUE HA RESUCITADO. ACUÉRDENSE CÓMO
LES HABLÓ CUANDO ESTABA AÚN EN GALILEA.

—Lucas 24:5-6

El día de reposo había pasado. Cuando salió el sol en el octavo día, las mujeres, cargadas con las especias funerarias que habían preparado, emprendieron su triste camino hacia la tumba donde Jesús había sido sepultado.

Al acercarse al sepulcro, sus planes de darle sepultura digna a su amado Maestro y Señor fueron interrumpidos. Jesús ya no estaba en su tumba. La piedra que sellaba la entrada había sido removida. En medio de su confusión, aparecieron dos ángeles —hombres con vestiduras resplandecientes— y consolaron a las mujeres atónitas: «¿Por qué buscan entre los muertos al que vive? ¡No está aquí! ¡Ha resucitado!» (Lucas 24:5-6).

Las mujeres, antes llenas de dolor, regresaron a los discípulos para compartir las buenas noticias: su Señor ya no estaba muerto, sino vivo, tal como lo había dicho.

La resurrección de Jesús lo cambia todo. El apóstol Pablo llega a afirmar que la resurrección de Jesús es absolutamente esencial y que nuestra fe depende de este hecho histórico. Escribe en su primera carta a los corintios: «Y si Cristo no ha resucitado, la fe de ustedes es falsa, todavía están en sus pecados» (1 Corintios 15:17).

Si Jesús no hubiera roto el patrón de la muerte y salido de su tumba, seguiríamos en nuestros pecados. No tendríamos esperanza. Nuestro bautismo en Cristo no tendría poder para salvarnos si Cristo no hubiera resucitado.

Pero, ¡gracias a Dios, Cristo ha resucitado! ¡En verdad ha resucitado! Nuestra fe no es en vano, sino viva y eficaz porque Jesús vive. Él ha quebrado el poder de la muerte. Nuestro Señor ha dejado nuestros pecados en la oscuridad de su tumba, sepultados para siempre y olvidados.

El apóstol Pablo sigue desarrollando lo que significa la resurrección de Cristo para nosotros, los bautizados. El que ha sido bautizado en Cristo no teme a la muerte. Pablo cita a los profetas y, con ellos, desafía a la muerte:

> Pero cuando esto corruptible se haya vestido de incorrupción, y esto mortal se haya vestido de inmortalidad, entonces se cumplirá la palabra que está escrita: «Devorada ha sido la muerte en victoria. ¿Dónde está, oh muerte, tu victoria? ¿Dónde, oh sepulcro, tu aguijón?». El aguijón de la muerte es el pecado, y el poder del pecado es la ley; pero a Dios gracias, que nos da la victoria por medio de nuestro Señor Jesucristo (1 Corintios 15:54-57).

La muerte es devorada y ahogada en las aguas del bautismo. Nuestra naturaleza pecaminosa es sepultada en la tumba acuática de la pila bautismal. Nuestra muerte no tendrá la última palabra. Jesús rompe el poder y el aguijón de la muerte y tiene la última palabra en el bautismo.

En los funerales cristianos, existe la tradición de colocar un paño blanco (o manto) sobre el ataúd del santo bautizado. Esta tradición simboliza la realidad de que la oscuridad de la muerte ha sido absorbida por la resplandeciente túnica blanca de Cristo, la cual nos fue dada en el bautismo. Aunque lamentamos la partida de quienes han dormido en Cristo, el aguijón y el poder de la muerte han sido destruidos por nuestro Señor resucitado. La muerte no tiene la última palabra.

Por medio del agua y la Palabra en el bautismo, hemos sido unidos a aquel que es la vida misma. Somos llevados por la obra del Espíritu Santo, sobre las olas del bautismo, hasta la orilla de la resurrección.

Padre celestial, tú has lavado nuestros pecados en el torrente del santo bautismo. Con el agua y tu Palabra, nos has unido a tu Hijo. Recuérdanos cada día nuestro bautismo, donde prometiste ser fiel a todas tus promesas, aun cuando nosotros seamos infieles. Perdona nuestros pecados y consérvanos en la fe bautismal por medio de tu Espíritu Santo. Amén.

**PARA SEGUIR REFLEXIONANDO,
LEE 1 CORINTIOS 15:1-28.**

Aguas de reposo

EL SEÑOR ES MI PASTOR, NADA ME FALTARÁ. EN LUGARES DE VERDES PASTOS ME HACE DESCANSAR; JUNTO A AGUAS DE REPOSO ME CONDUCE. ÉL RESTAURA MI ALMA; ME GUÍA POR SENDEROS DE JUSTICIA POR AMOR DE SU NOMBRE.

—Salmos 23:1-3

Como pastor de ovejas, el salmista pasó incontables días y noches cuidando su rebaño. David luchó personalmente contra depredadores que querían devorar a sus ovejas. Conocía de primera mano la naturaleza terca, extraviada e indefensa de su rebaño. Y, sin embargo, es esta criatura rebelde y vulnerable la que él elige para describirse a sí mismo en el Salmo 23.

«El Señor es mi pastor», escribe David. Con estas palabras iniciales, hace una confesión: él pertenece al Señor.

Está bajo el cuidado misericordioso y la protección del Señor, y no le falta nada.

David continúa: «En lugares de verdes pastos me hace descansar; junto a aguas de reposo me conduce. Él restaura mi alma; me guía por senderos de justicia por amor de su nombre» (Sal 23:2-3). A través de esta poesía, David pinta una imagen de abundancia, donde las aguas bautismales fluyen por entre las líneas del salmo.

Vemos que el pastoreo que David recibe bajo el cuidado del Señor es extraordinario. Este Pastor no solo se asegura de que sus ovejas tengan verdes pastos y agua en abundancia, sino que también restaura sus almas. Permanece con su rebaño y persigue a las ovejas perdidas y descarriadas, incluso a costa de su propia vida.

Jesús retoma la imagen del Salmo 23 y declara que él mismo es nuestro pastor. Dijo Jesús: «... yo he venido para que tengan vida, y para que la tengan en abundancia. Yo soy el buen pastor; el buen pastor da su vida por las ovejas» (Juan 10:10-11). Nuestro buen Pastor no solo nos conduce a la vida abundante y a aguas de reposo, sino que lo hace entregando su vida por ovejas pecadoras, tercas y extraviadas.

Junto a las aguas tranquilas del bautismo, nuestro buen Pastor pone su nombre sobre nosotros y restaura nuestra alma. Nos pastorea con cuidado abundante porque nos ha hecho suyos. Nuestro buen Pastor permanece con nosotros, incluso, cuando atravesamos el valle de sombra de muerte.

Jesús es tanto nuestro buen Pastor como el Cordero de Dios que quita el pecado del mundo. Nuestro buen Pastor entregó su vida por nosotros. Y del costado traspasado de nuestro Cordero sacrificial brotaron sangre y agua;[72] agua bautismal que restaura nuestra alma, y su preciosa sangre que nos da, junto con su cuerpo, para comer y beber en el sacramento de la Cena del Señor. Allí, él nos prepara una mesa abundante en presencia de nuestros enemigos.

El Señor es nuestro pastor. Nos ha ungido junto a las aguas de reposo del bautismo, donde nos ha hecho suyos. Allí, restaura y resucita nuestra alma al unirnos a Cristo, el Cordero de Dios. Delante de nosotros prepara una mesa de perdón, vida y salvación, incluso en presencia de nuestros enemigos: el pecado, la muerte y el diablo. Nuestro buen Pastor nos consuela con la vara de su cruz y el cayado de su Palabra. Ciertamente, nuestro buen Pastor habitará con nosotros y nos perseguirá con su bondad todos los días de nuestra vida.

Padre celestial, tú has lavado nuestros pecados en el torrente del santo bautismo. Con el agua y tu Palabra, nos has unido a tu Hijo. Recuérdanos cada día nuestro bautismo, donde prometiste

[72] Juan 19:34.

ser fiel a todas tus promesas, aun cuando nosotros somos infieles. Perdona nuestros pecados y consérvanos en la fe bautismal por medio de tu Espíritu Santo. Amén.

PARA SEGUIR REFLEXIONANDO,
LEE EL SALMO 23.

Ahogados y resucitados

PERO VIENDO LA FUERZA DEL VIENTO TUVO MIEDO, Y EMPEZANDO A HUNDIRSE GRITÓ: «¡SEÑOR, SÁLVAME!». AL INSTANTE JESÚS, EXTENDIENDO LA MANO, LO SOSTUVO Y LE DIJO: «HOMBRE DE POCA FE, ¿POR QUÉ DUDASTE?».

—Mateo 14:30-31

El agua es una verdadera paradoja. Por un lado, puede ser tranquila, pacífica y dadora de vida, como las aguas de reposo del Salmo 23. Por otro lado, puede ser devastadora y violenta, como las aguas del diluvio en el libro de Génesis.

No fue sobre aguas quietas, sino sobre aguas tempestuosas y embravecidas que se encontraron los discípulos en el Evangelio de Mateo. Mientras cruzaban el mar de Galilea durante la noche, las aguas agitadas golpeaban su barca. El viento azotaba y las olas los sacudían con violencia.

Cuando miraron hacia la tormenta, vieron una figura sobre las aguas. Estaban seguros de que era un fantasma, y comenzaron a gritar llenos de miedo. Pero en medio del mar furioso se escuchó una voz conocida: «Tengan ánimo, soy yo; no teman» (Mateo 14:27).

La imagen de alguien caminando sobre el agua trae a la mente las palabras del libro de Job, donde Dios es descrito como aquel que «... solo extiende los cielos, y anda sobre las olas del mar» (Job 9:8).

La Palabra hecha carne, el que creó todas las cosas y las sostiene con su poder, caminaba ahora con autoridad sobre el mar caótico, como si fuera tierra firme.

Pedro no lo dudó. Reconoció la voz de su Pastor. En medio del rugido del viento clamó: «Señor, si eres tú, mándame que vaya a ti sobre las aguas» (Mateo 14:28). Paso a paso, comenzó a caminar sobre el agua en dirección a su Señor. Pero cuando el viento arreció, tuvo miedo y comenzó a hundirse.

Pedro clamó: «¡Señor, sálvame!» (Mt 14:30). Así como la capacidad de Pedro para caminar sobre el agua provenía de la Palabra externa de Jesús, también su rescate debía venir de esa Palabra.

Jesús no tardó ni un segundo. Extendió de inmediato su mano y lo sostuvo. Le dijo: «¡Hombre de poca fe! ¿Por qué dudaste?» (Mt 14:31). Y mientras regresaban a la barca, el mar se calmó.

Así como la voz de Jesús resonó aquella noche sobre el mar, también su voz resuena sobre las aguas del bautismo. Mientras el mundo ruge a nuestro alrededor, nuestro Señor nos llama: «Tengan ánimo, soy yo; no teman» (Mt 14:27).

Aquel que pisa las olas del mar nos salva en las aguas del bautismo. Así como Pedro dependió de una palabra y acción externas de Jesús, también nosotros dependemos de la Palabra y acción externas de Jesús por nosotros. No nos bautizamos por nuestra propia fuerza. El único que actúa es la Palabra que nos toma con sus manos extendidas y marcadas por los clavos.

Cada día somos llevados de nuevo a nuestro bautismo por medio del arrepentimiento. Así como Pedro se hundió en el agua y fue levantado por la mano del Señor, también nuestra naturaleza pecaminosa se ahoga en las aguas del bautismo, y somos resucitados a una vida nueva en Cristo, quien nos ha tomado con su poderosa Palabra.

Somos sostenidos por la Palabra externa que nos llamó, que nos tomó, y que nos guarda por la obra del Espíritu Santo en la fe que recibimos en el bautismo. Jesús dijo: «Yo les doy vida eterna y jamás perecerán, y nadie las arrebatará de mi mano. Mi Padre que me las dio es mayor que todos, y nadie las puede arrebatar de la mano del Padre» (Juan 10:28-29).

Los que hemos sido bautizados en Cristo somos un verdadero misterio: pecadores y santos al mismo tiempo. En el bautismo, somos ahogados y morimos al pecado, y al mismo tiempo resucitamos a una vida nueva en Cristo. El bautismo es una promesa de nuestro Señor, quien camina sobre las aguas y calma el viento: que estamos seguros en él. Nuestros pecados son perdonados, lavados y sepultados en la pila bautismal.

Padre celestial, tú has lavado nuestros pecados en el torrente del santo bautismo. Con el agua y tu Palabra, nos has unido a tu Hijo. Recuérdanos cada día nuestro bautismo, donde prometiste ser fiel a todas tus promesas, aun cuando nosotros somos infieles. Perdona nuestros pecados y consérvanos en la fe bautismal por medio de tu Espíritu Santo. Amén.

PARA SEGUIR REFLEXIONANDO,
LEE MATEO 14:22-33.

¿Qué deuda?

SEÑOR, SI TÚ TUVIERAS EN CUENTA LAS INIQUIDADES, ¿QUIÉN, OH SEÑOR, PODRÍA PERMANECER? PERO EN TI HAY PERDÓN, PARA QUE SEAS TEMIDO. ESPERO EN EL SEÑOR; EN ÉL ESPERA MI ALMA, Y EN SU PALABRA TENGO MI ESPERANZA.

—Salmos 130:3-5

En su evangelio, Mateo relata una parábola que Jesús contó sobre un rey que quiso ajustar cuentas. Mateo, un exrecaudador de impuestos, sabía muy bien lo que eran las deudas y llevar un registro de lo que las personas debían, considerando su experiencia.

Había hecho una carrera de llevar cuentas. Encerrado en su cabina de impuestos, anotaba saldos y exigía pagos. Su vida estaba absorbida por la contabilidad. Como cobrador de impuestos, la vida de Mateo giraba en torno a asegurarse de que cada deuda quedara saldada.

Jesús continúa su parábola con el rey descubriendo la magnitud de la deuda que uno de sus siervos debía. Era una deuda tan astronómicamente grande que era imposible llegar a pagarla. El siervo no tenía nada que ofrecer a su señor. Ni siquiera parece comprender del todo la magnitud de su deuda mientras suplica paciencia a su rey, prometiendo que lo pagará todo.

El salmista reflexiona sobre las consecuencias si el Señor llevara un registro de nuestros pecados. ¿Qué pasaría si el Señor llevara un libro contable, marcando nuestros pecados uno por uno? El salmista escribe: «Señor, si tú tuvieras en cuenta las iniquidades, ¿quién, oh Señor, podría permanecer?» (Salmos 130:3). Si el Señor llevara un registro de nuestros pecados, seríamos como el siervo de la parábola de Jesús, debiendo una deuda que jamás podríamos pagar.

Sin embargo, el rey estaba decidido a ajustar cuentas. El siervo no sería enviado con un saldo pendiente. El rey no le concederá más tiempo para pagar. Para sorpresa de todos, el rey simplemente liquida la deuda él mismo y cierra el libro de cuentas.

Al perdonar la deuda de su siervo, el rey asumió la deuda como propia. La deuda ya no pertenecía al siervo. Esta ilustración, dice Jesús, es una imagen del reino de los cielos.

Así como el rey en la parábola, Jesús ha venido a ajustar cuentas. Jesús no simplemente es paciente con nosotros mientras, sin darnos cuenta de la magnitud de nuestro pecado, pedimos más tiempo para pagar nuestra deuda; él mismo asume personalmente nuestra deuda astronómica de pecado como propia. Lleva nuestro libro de cuentas, cargado con la tinta de nuestros pecados, hasta el monte del Calvario.

En su muerte, Jesús saldó la deuda que debíamos. Cuando el velo del templo se rasgó en dos al morir Jesús,[73] también se rasgó y destruyó el libro de cuentas de nuestros pecados. Nuestra deuda ha sido completamente perdonada, pagada en su totalidad por nuestro propio Rey.

El salmista, tras reflexionar sobre lo que sucedería si el Señor llevara un registro de nuestros pecados, concluye rápidamente su pensamiento con una proclamación de alabanza. El salmista escribe: «Pero en ti hay perdón, para que seas temido. Espero en el Señor; en él espera mi alma, y en su palabra tengo mi esperanza» (Salmos 130:4-5).

En el bautismo, nuestras deudas son perdonadas. Por medio del agua y de la palabra de Dios, nuestra deuda es borrada. Página por página, el libro de nuestros pecados —pasados, presentes y futuros— se disuelve en las aguas del bautismo.

El teólogo Robert Farrar Capon escribe:

> «Somos perdonados en el bautismo no solo por los pecados cometidos antes del bautismo, sino por toda una vida de pecados aún por venir. Somos perdonados antes, durante y después de nuestros

[73] Mateo 27:51.

pecados. Y somos perdonados por una sola razón: porque Jesús murió por nuestros pecados y resucitó para nuestra justificación».[74]

Delante de Dios, no hay registro alguno de pecado. El Señor ya no recuerda nuestros pecados.[75] De hecho, en el bautismo se nos entrega un nuevo libro de cuentas. En lugar de estar saturado con el peso de nuestro pecado, este nuevo libro está saturado con las obras de Cristo a nuestro favor.

Hemos sido bautizados. El registro perfecto de Jesús lleva nuestros nombres. Nuestro Padre celestial ha enviado a su único Hijo para encargarse de nuestra deuda por medio de su muerte y resurrección. Ahora, enriquecidos con la justicia de Cristo, somos libres para dispensar perdón como si fuera ilimitado.

Padre celestial, tú has lavado nuestros pecados en el diluvio del santo bautismo. Con el agua y tu Palabra, nos has unido a tu Hijo. Recuérdanos cada día nuestro bautismo, donde nos prometes ser fiel a todas tus misericordiosas promesas, aun cuando nosotros seamos infieles. Perdona nuestros pecados y consérvanos en la fe bautismal por medio de tu Espíritu Santo. Amén.

PARA SEGUIR REFLEXIONANDO, LEE MATEO 18:21-35.

---

[74] Robert Farrar Capon, *Kingdom, Grace, Judgment: Paradox, Outrage, and Vindication in the Parables of Jesus*. William B. Eerdmans Publishing Company, 2002, p. 297.

[75] Hebreos 8:12.

Chapoteando en las aguas bautismales

CUANDO JESÚS VIO ESTO, SE INDIGNÓ Y LES DIJO: «DEJEN QUE LOS NIÑOS VENGAN A MÍ; NO SE LO IMPIDAN, PORQUE DE LOS QUE SON COMO ESTOS ES EL REINO DE DIOS».

—Marcos 10:14

Jesús es conocido por su paciencia, su bondad y su misericordia. Dondequiera que iba, Jesús sanaba a los enfermos y predicaba las buenas noticias del reino de Dios. Expulsaba demonios y restauraba la dignidad de los marginados. Incluso, distribuía el perdón a los pecadores con aparente desenfreno, como si fuera exclusivamente suyo para ofrecer.

La paciencia de Jesús no tiene comparación. Es lento para la ira y grande en amor. Sin embargo, los tres Evangelios sinópticos —Mateo, Marcos y Lucas— registran un episodio en el que Jesús se indigna con sus discípulos. Jesús se enfurece cuando sus discípulos impiden que los niños se acerquen a él.

> Cuando Jesús vio esto, se indignó y les dijo: «Dejen que los niños vengan a mí; no se lo impidan, porque de los que son como estos es el reino de Dios. En verdad les digo, que el que no reciba el reino de Dios como un niño, no entrará en él» (Marcos 10:14-15).

Estos niños pequeños, que aparentemente interrumpían la obra del ministerio de Jesús, eran en realidad el epítome de aquellos a quienes pertenece el reino de Dios.

No tenían nada que ofrecer ni aportar. Estos pequeñitos solo podían recibir una bendición de su Señor. Solo podían decir «amén» a los dones de Dios. No tenían dinero para contribuir al ministerio, ni experiencia para ofrecer y, aun así, a ellos pertenece el reino de Dios. Al impedir que los niños se acercaran a su Señor, los discípulos estaban estorbando a aquellos a quienes Jesús desea amar y mostrar su misericordia.

En las aguas del santo bautismo, recibimos el reino de Dios como un niño recibe un regalo. El reino de Dios no depende de nuestras obras, nuestras contribuciones ni de nuestra comprensión. Como un niño pequeño, humildemente decimos «amén» al recibir los dones y promesas de Dios dados en el bautismo.

Es allí, en las aguas del bautismo, donde nos convertimos en hijos de Dios. Por medio del bautismo, recibimos el reino de

Dios: un reino en el cual nuestros pecados son lavados y recibimos todos los dones buenos y llenos de gracia del Padre, del Hijo y del Espíritu Santo.

Nuestro Señor obra por medio de promesas y regalos. Entramos al reino de Dios como aquellos que solo pueden recibir todo de nuestro Padre celestial. El reino de Dios es completamente unilateral. Aunque no tenemos nada que ofrecer más que nuestro pecado, nuestro Padre celestial nos toma en brazos en las aguas del bautismo y lava nuestro pecado. Luego, nos reviste con el regalo de la justicia de su amado Hijo.

Después de haber recibido estos dones en el bautismo, no dejamos atrás las aguas bautismales como si se tratara de una etapa superada. Al contrario, nos adentramos aún más en esos regalos bautismales, chapoteando como un niño pequeño en esas aguas empapadas de Palabra que dan vida y salvan. Por medio del bautismo, recibimos a un Padre celestial lleno de gracia que cuida de nosotros. Como hijos bautizados, nos aferramos a él y a sus promesas con confianza, como un niño se relaciona con su padre bondadoso. Miramos a Cristo para que limpie nuestro pecado, y nos volvemos cada día a nuestro Padre celestial en arrepentimiento.

Hemos sido recibidos en el reino de Dios como niños pequeños, por medio del bautismo, por la obra de Jesús a nuestro favor. El Padre, el Hijo y el Espíritu Santo han prometido mantenernos en esta vida de constante recepción de sus dones, sostenidos firmemente en su gracia bautismal.

Padre celestial, tú has lavado nuestros pecados en el diluvio del santo bautismo. Con el agua y tu Palabra, nos has unido a tu Hijo. Recuérdanos cada día nuestro bautismo, donde nos prometes ser fiel a todas tus misericordiosas promesas, aun cuando nosotros seamos infieles. Perdona nuestros pecados y consérvanos en la fe bautismal por medio de tu Espíritu Santo. Amén.

PARA SEGUIR REFLEXIONANDO,
LEE MARCOS 10:13-16.

Un baño santificado

PERO FUERON LAVADOS, PERO FUERON SANTIFICADOS, PERO FUERON JUSTIFICADOS EN EL NOMBRE DEL SEÑOR JESUCRISTO Y EN EL ESPÍRITU DE NUESTRO DIOS.

—1 Corintios 6:11

En medio de su carta a la iglesia en Corinto, el apóstol Pablo hace una pausa para recordarles a los corintios lo que Dios ha hecho por ellos. En medio de la idolatría, el pecado y las divisiones dentro de la iglesia, Pablo comienza —y vuelve una y otra vez— a lo que Dios ha realizado en Cristo a favor de ellos.

El apóstol tiene palabras duras para los corintios. Después de reprenderlos, Pablo lanza esta severa advertencia: «¿o no saben que los injustos no heredarán el reino de Dios?...» (1 Co 6:9). Los injustos no tienen lugar en el reino de Dios, a menos que estén en Cristo.

Pero los santos de Corinto no son los únicos que batallan contra su naturaleza pecaminosa. El mismo apóstol escribe sobre su propia lucha con el pecado:

> Porque en el hombre interior me deleito con la ley de Dios, pero veo otra ley en los miembros de mi cuerpo que hace guerra contra la ley de mi mente, y me hace prisionero de la ley del pecado que está en mis miembros. ¡Miserable de mí! ¿Quién me libertará de este cuerpo de muerte? Gracias a Dios, por Jesucristo Señor nuestro. Así que yo mismo, por un lado, con la mente sirvo a la ley de Dios, pero por el otro, con la carne, a la ley del pecado (Romanos 7:22-25).

La iglesia en Corinto, el apóstol Pablo y nosotros no tenemos lugar en el reino de Dios, es decir, fuera de Cristo. Justo después de advertir sobre las consecuencias del pecado, Pablo recuerda a la iglesia su santificación. No podemos hacernos justos por nuestra cuenta, no podemos santificarnos ni justificarnos a nosotros mismos.

Pero ¡gracias a Dios! Por medio del bautismo hemos sido bañados con agua y Palabra. Somos santificados y justificados cuando el nombre de nuestro Señor es invocado sobre nosotros en el bautismo. En este baño bautismal, nuestros pecados son lavados, y somos declarados justos en el nombre de nuestro Señor Jesucristo y recibimos el don del Espíritu Santo para creer.

Sin embargo, después de haber sido lavados en las aguas santificadoras del bautismo, nuestra naturaleza pecaminosa sale cada día a caminar por el mundo. Por el don del Espíritu Santo, somos guiados cada día de regreso a nuestro bautismo, al lugar donde Dios prometió limpiar toda nuestra suciedad y pecado.

La vida bautismal es una vida santificada. Es una vida en la que Dios nos concede, día tras día y con abundancia, el arrepentimiento. Decir «Estoy bautizado» es vivir en arrepentimiento y en los dones de Cristo. Es decir: «Todas las promesas de Dios son para mí; en mi bautismo, él me ha prometido el perdón de todos mis pecados y la vida eterna. Me ha hecho su hijo amado y ha prometido conservarme en Cristo, en cuyo nombre he sido bautizado».

La santificación es hacer algo santo, y por medio del bautismo hemos sido unidos al santo Hijo de Dios. En su comentario sobre el libro de Romanos, el teólogo Jonathan F. Grothe escribe:

> «Tu santificación, que Dios está llevando a cabo, comenzó con la muerte de Cristo y tu bautismo. Continúa en cada momento presente mientras vives en la santa Iglesia cristiana, en la cual Dios perdona los pecados cada día y en abundancia».[76]

La santificación viene al escuchar el evangelio proclamado: la muerte y resurrección de Cristo por ti. En la absolución, recibimos el perdón de todos nuestros pecados, el mismo perdón que se nos dio en el bautismo. A través de estos dones del evangelio, nuestra naturaleza pecaminosa es ahogada y resucitamos a una nueva vida en Cristo.

---

[76] Jonathan F. Grothe, *Justification of the Ungodly: An Interpretation of Romans*, 2.ª ed. 2012, p. 336.

El bautismo es santificación, pues es donde somos hechos santos. Es el lugar donde Dios actúa a nuestro favor. No podemos santificarnos por nosotros mismos, pero ¡gracias a Dios! por medio del baño santificador del bautismo, nuestros pecados son lavados y somos hechos santos, en el nombre de nuestro Señor Jesucristo y por el Espíritu de nuestro Dios.

Padre celestial, tú has lavado nuestros pecados en el diluvio del santo bautismo. Con el agua y tu Palabra, nos has unido a tu Hijo. Recuérdanos cada día nuestro bautismo, donde nos prometes ser fiel a todas tus misericordiosas promesas, aun cuando nosotros seamos infieles. Perdona nuestros pecados y consérvanos en la fe bautismal por medio de tu Espíritu Santo. Amén.

PARA SEGUIR REFLEXIONANDO,
LEE ROMANOS 7:7-25.

Llamada por su nombre

JESÚS LE DIJO: «SUÉLTAME PORQUE TODAVÍA NO HE SUBIDO AL PADRE; PERO VE A MIS HERMANOS, Y DILES: "SUBO A MI PADRE Y PADRE DE USTEDES, A MI DIOS Y DIOS DE USTEDES"».

—Juan 20:17

María, abrumada por el dolor, no lo reconoció inicialmente. Habían pasado tres días desde que fuera testigo del terrible sufrimiento y la muerte de su amado Maestro y amigo. Mientras María lloraba fuera de la tumba donde habían puesto a Jesús, su dolor fue interrumpido por quien solo pudo suponer que era el jardinero.

> Mujer, ¿por qué lloras?, le dijo Jesús. «¿A quién buscas?». Ella, pensando que era el que cuidaba el huerto, le dijo: «Señor, si usted lo ha llevado, dígame dónde lo ha puesto, y yo me lo llevaré» (Juan 20:15).

En su profundo dolor, María no reconoció a Jesús —al mismo por quien lloraba— mientras él se paraba delante de ella y le hablaba. Pero entonces, con una sola palabra, su Señor resucitado le abrió los ojos.

> «María», le dijo Jesús. Ella, volviéndose, le dijo en hebreo: «¡Raboní!» (que quiere decir «Maestro») (Juan 20:16).

El buen Pastor, después de dar su vida, persiguió con fervor a su oveja. Después de resucitar de entre los muertos, Jesús buscó a María para interrumpir su desesperación y consolarla.

Jesús le abrió los ojos al llamarla por su nombre. Las lágrimas de dolor de María se transformaron en lágrimas de gozo y alegría. Jesús, que había estado muerto, ahora vive. ¡Él ha resucitado! ¡En verdad ha resucitado!

Pero entonces, ocurre algo inesperado.

Jesús le dice a María que no lo retenga. La instruye a volver con sus discípulos. Le encarga que lleve este mensaje: «Subo a mi Padre y Padre de ustedes, a mi Dios y Dios de ustedes» (Juan 20:17).

Durante los cuarenta días después de su resurrección, Jesús anduvo por la tierra enseñando e instruyendo a sus discípulos. En esos días de instrucción, Jesús les dio autoridad para perdonar pecados.[77] Instituyó el sacramento del santo bautismo cuando mandó a sus discípulos a ir y bautizar a todas las naciones en

---

[77] Juan 20:22-23.

el nombre del Padre, del Hijo y del Espíritu Santo.[78] Jesús pasó esos cuarenta días después de su resurrección enseñando a sus discípulos a obedecer todo lo que él les había mandado.

Luego, Jesús ascendió, tal como le había dicho a María. Pero no se ha ido. Prometió que estaría con nosotros siempre.[79] Jesús puede estar oculto a nuestros ojos terrenales, pero sigue obrando entre nosotros.

Jesús dirigió a María al lugar donde estaría con ella y para ella. En su Iglesia y por medio de la predicación y la enseñanza de sus discípulos, Jesús estaría presente para María. A través del anuncio del evangelio y la entrega de sus dones, Jesús obraría a su favor.

Así como María fue confiada al cuidado de los discípulos de Jesús, también nosotros hemos sido confiados al cuidado de la Iglesia, donde Jesús está presente y obra a nuestro favor. Por medio del ministerio de nuestro pastor, Jesús consuela nuestras conciencias atribuladas con el perdón de los pecados en la absolución. A través del sacramento del altar, el Señor nos alimenta con su cuerpo y su sangre para el perdón de nuestros pecados.

En el bautismo, nuestro buen Pastor nos ha llamado por nuestro nombre. Nuestro Señor resucitado nos consuela por medio de su evangelio. Jesús nos ha tomado en el bautismo y no nos soltará.

---

[78] Mateo 28:19.

[79] Mateo 28:20.

Padre celestial, tú has lavado nuestros pecados en el diluvio del santo bautismo. Con el agua y tu Palabra, nos has unido a tu Hijo. Recuérdanos cada día nuestro bautismo, donde nos prometes ser fiel a todas tus misericordiosas promesas, aun cuando nosotros seamos infieles. Perdona nuestros pecados y consérvanos en la fe bautismal por medio de tu Espíritu Santo. Amén.

PARA SEGUIR REFLEXIONANDO, LEE JUAN 10:1-18.

SEMANA CINCO

Bautizados en la tierra prometida

LOS SACERDOTES QUE LLEVABAN EL ARCA DEL PACTO DEL SEÑOR ESTUVIERON EN TIERRA SECA EN MEDIO DEL JORDÁN MIENTRAS QUE TODO ISRAEL CRUZABA SOBRE TIERRA SECA, HASTA QUE TODO EL PUEBLO ACABÓ DE PASAR EL JORDÁN.

—Josué 3:17

Los hijos de Israel se encontraban a orillas del río Jordán, contemplando la tierra prometida. El Señor los había llevado hasta ese cruce. Después de rescatarlos de manera poderosa y milagrosa de las manos de sus captores egipcios, los condujo por tierra seca a través del mar Rojo, mientras ahogaba a sus enemigos. Y ahora, después de cuarenta años de deambular por el desierto —quejándose todo el camino—, una vez más los guiaría a través del agua.

Dios cumplió todas sus promesas con ellos. En el desierto, proveyó maná del cielo,[80] codornices para comer,[81] y agua de una roca.[82] Durante esos cuarenta años en el desierto, a pesar de su incredulidad y corazones rebeldes y quejosos, el Señor fue misericordioso y paciente con su pueblo.

Ahora, Israel se reunía a las orillas del Jordán para cruzar hacia el cumplimiento de la promesa del Señor.[83] El Señor designó a Josué para que guiara a su pueblo a la tierra prometida. Mientras se preparaban para cruzar, los sacerdotes se adelantaron al pueblo llevando el arca del pacto, que representaba la presencia de Dios entre su pueblo. Entonces, al tocar el agua del Jordán los pies de los sacerdotes que llevaban el arca, el flujo del río fue milagrosamente detenido.

Así como Israel cruzó el mar Rojo por tierra seca cuando huía de Egipto, también cruzó el río Jordán por tierra seca para recibir la tierra que se les había prometido. El arca del pacto, sostenida por los sacerdotes, permaneció firme en medio del río mientras el pueblo pasaba.

Este cruce milagroso ocurrió en el mismo río donde un día Juan el Bautista clamaría desde sus orillas: «preparen el camino del Señor...» (Mt 3:3). Así como el arca del pacto permaneció en medio del río, también Jesús se mantuvo firme en

---

[80] Éxodo 16:4.

[81] Éxodo 16:12.

[82] Éxodo 17:6.

[83] Éxodo 6:8.

medio del Jordán cuando fue bautizado por nosotros. Luego, al salir del agua, «Después de ser bautizado, Jesús salió del agua inmediatamente; y los cielos se abrieron en ese momento y él vio al Espíritu de Dios que descendía como una paloma y venía sobre él» (Mateo 3:16).

Así como las aguas fueron detenidas para Israel, también las aguas torrenciales de la ira de Dios son detenidas para nosotros gracias a Cristo. Él se coloca en nuestro lugar, deteniendo la ira de Dios por nuestro pecado y cargándola sobre sí mismo. Jesús es nuestro Josué superior. Es Jesús (cuyo nombre en hebreo se traduce como Josué) quien nos guía a la tierra prometida de los nuevos cielos y la nueva tierra.

En nuestro bautismo, recibimos las promesas de Dios. Por medio del agua y la Palabra, pasamos de la muerte a la vida. El apóstol Pablo escribe: «De modo que, si alguno está en Cristo, nueva criatura es; las cosas viejas pasaron, ahora han sido hechas nuevas» (2 Co 5:17). Así como Israel pasó del desierto a la tierra que Dios les prometió por la mano del Señor, también nosotros pasamos del desierto del pecado y la muerte a la promesa del perdón y la vida eterna, por la mano del Señor en el bautismo.

Dios cumple sus promesas con nosotros. Mientras peregrinamos por este desierto terrenal esperando la resurrección, el Señor es misericordioso con nosotros y provee para todas nuestras necesidades. Ha provisto vida en el agua bautismal que fluye del costado de la roca, que es Cristo.[84] Nos alimenta en la Cena del Señor con el maná que ha descendido del cielo.

Él nos alimenta en la Cena del Señor con el maná que ha descendido del cielo: el mismo cuerpo y sangre de nuestro Señor para el perdón de nuestros pecados.[85]

Jesús, nuestro Josué, nos guía hacia la tierra abundante del perdón y la vida. Por medio de nuestro bautismo en Cristo, hemos recibido la salvación del Señor.

Padre celestial, tú nos has bautizado y nos has colocado al cuidado de tu iglesia. Nos has dado el don de tu Espíritu Santo. Santifícanos mientras nos aferramos a las promesas que nos has regalado en el bautismo. Guárdanos seguros en el arca de Cristo y de tu iglesia, para que podamos llegar con seguridad a las orillas de la resurrección, donde finalmente veremos con nuestros propios ojos el cumplimiento de todas tus promesas. Amén.

PARA SEGUIR REFLEXIONANDO, LEE JOSUÉ 3:1-17.

[84] 1 Corintios 10:4.

[85] Juan 6:48-51.

Una iglesia naval

ENTRARON, PUES, CON NOÉ EN EL ARCA DE DOS EN DOS DE TODA CARNE EN QUE HABÍA ALIENTO DE VIDA; LOS QUE ENTRARON, MACHO Y HEMBRA DE TODA CARNE, ENTRARON COMO DIOS SE LO HABÍA MANDADO. DESPUÉS EL SEÑOR CERRÓ LA PUERTA DETRÁS DE NOÉ.

—Génesis 7:15-16

La arquitectura y los elementos presentes en las iglesias cristianas, durante siglos, han reflejado el relato del diluvio, vinculando la narrativa de Génesis con el sacramento del santo bautismo. El edificio y sus objetos servían para dirigir la atención de los fieles hacia la obra salvadora de Cristo en el bautismo.

El Señor envió un diluvio para destruir al mundo por causa de la maldad de la humanidad, como escribe Moisés en los capítulos seis y siete de Génesis. Sin embargo, Noé halló gracia ante los ojos de Dios. Creyó en la palabra de Dios. Y, por la promesa del Señor, él y su familia fueron salvados al entrar en la seguridad del arca.[86]

Noé construyó el arca según las instrucciones del Señor. Cuando él, su familia y todos los animales entraron en el arca, el Señor mismo los encerró dentro. La tierra estalló y la lluvia cayó con fuerza, elevando el arca a un lugar seguro. Las ocho personas a bordo fueron preservadas del juicio acuático de Dios contra el pecado y la incredulidad. Mientras las aguas arrasaban a toda la humanidad impía, Noé y su familia permanecían a salvo dentro del arca, el vehículo que Dios eligió para salvarlos.

El apóstol Pedro hace referencia a este relato en su epístola.[87] Escribe que el diluvio fue una prefiguración de cómo somos salvos por medio del agua y la Palabra en el bautismo. El arca, que resguardó con seguridad a una congregación de ocho almas sobre el agua, es una ilustración de la iglesia de Cristo.

Muchas pilas bautismales tienen ocho lados por esta razón. Por medio del bautismo, somos colocados, junto con todos los santos, en el arca de Cristo. Somos salvados por la promesa de Dios a través del agua y su Palabra. El bautismo es el medio (o vehículo) por el cual Dios otorga sus dones salvadores: el perdón de los pecados y la vida eterna.

El bautismo es también el medio por el cual Dios da muerte a nuestra naturaleza pecaminosa. Nuestra incredulidad y

---

[86] Génesis 6:18-19.

[87] 1 Pedro 3:20-21.

pecado son ahogados en este diluvio bautismal. En su liturgia bautismal, el reformador Martín Lutero escribió una oración en la que pide que, en las aguas del bautismo, nuestro Señor ahogue nuestra naturaleza pecaminosa y nos mantenga a salvo en el arca de la iglesia. Lutero escribe:

> «... que por medio de este diluvio salvador, todo lo que ha nacido en él desde Adán, y lo que él mismo ha añadido a ello, sea ahogado en él y tragado, y que sea separado del número de los incrédulos, preservado seco y seguro en el arca santa de la cristiandad».[88]

La arquitectura de muchas iglesias se asemeja a la de un barco o arca invertida. El edificio confiesa que aquí, en el arca de la iglesia, se predica el evangelio de la obra salvadora de Cristo por nosotros, y se entregan sus dones vivificantes por medio de la Palabra y el sacramento. En el bautismo, somos introducidos en esta arca de la iglesia y de Cristo, para que estemos a salvo del juicio justo de Dios por nuestros pecados.

El relato del diluvio es una ilustración de lo que Dios ha hecho y sigue haciendo por nosotros, los bautizados. Dios continuamente ahoga y da muerte a nuestra naturaleza pecaminosa, y al mismo tiempo nos guarda seguros en el arca de Cristo.

Hemos hallado gracia ante los ojos de Dios. No por nuestras obras, sino por su misericordia y su promesa en el bautismo.

---

[88] Martin Luther, *Baptismal Booklet* (1523), citado en *Luther's Works*, vol. 53: *Liturgy and Hymns*, ed. Helmut T. Lehmann. Fortress Press, 1965, p. 107.

Somos justos ante Dios mientras permanecemos en los brazos de Cristo, nuestro arca.

Padre celestial, tú nos has bautizado y nos has colocado al cuidado de tu Iglesia. Nos has dado el don de tu Espíritu Santo. Santifícanos mientras nos aferramos a las promesas que nos has regalado en el bautismo. Guárdanos seguros en el arca de Cristo y de tu iglesia, para que podamos llegar con seguridad a las orillas de la resurrección, donde finalmente veremos con nuestros propios ojos el cumplimiento de todas tus promesas. Amén.

PARA SEGUIR REFLEXIONANDO, LEE GÉNESIS 7:1-24.

Huesos secos

Y PROFETICÉ COMO ÉL ME HABÍA ORDENADO,
Y EL ESPÍRITU ENTRÓ EN ELLOS, Y VIVIERON
Y SE PUSIERON EN PIE,
UN ENORME E INMENSO EJÉRCITO.

—Ezequiel 37:10

Este relato del profeta Ezequiel se despliega como una escena de ciencia ficción. El profeta es llevado a un valle tenebroso, cubierto de huesos secos, quebradizos y completamente desprovistos de vida. Esos huesos estaban más allá de cualquier posibilidad de revivir. Y, sin embargo, el Señor le pregunta a Ezequiel si estos huesos pueden vivir. Luego, el Señor le ordena al profeta que proclame la palabra del Señor sobre ellos:

> Entonces me dijo: «Profetiza sobre estos huesos, y diles: "Huesos secos, oigan la palabra del Señor". Así dice el Señor Dios a estos huesos: "Voy a hacer que en ustedes entre espíritu, y vivirán. Y pondré tendones sobre ustedes, haré crecer carne sobre ustedes, los cubriré de piel y pondré espíritu en ustedes, y vivirán; y sabrán que yo soy el Señor"» (Ezequiel 37:4-6).

Ezequiel profetizó como el Señor le había ordenado. Entonces, el profeta contempló con asombro cómo el valle comenzaba a sacudirse y a resonar con el sonido de esos restos óseos que comenzaban a ensamblarse. La muerte empezaba a disiparse mientras el sonido de los huesos uniéndose llenaba el valle. Los tendones surgieron, uniendo músculos y huesos. La carne comenzó a tejerse rápidamente hasta que la muerte fue expulsada del valle.

Lo impensable, lo inimaginable, se estaba desarrollando ante los ojos del profeta como una escena de película. Pero aún había un problema: aunque los cuerpos ahora parecían vivos, seguían estando muertos, sin aliento. Entonces, el Señor volvió a hablarle a su profeta:

> Entonces él me dijo: «Profetiza al espíritu, profetiza, hijo de hombre, y dile al espíritu: "Así dice el Señor Dios : 'Ven de los cuatro vientos, oh espíritu, y sopla sobre estos muertos, y vivirán'"» (Ezequiel 37:9).

Cuando Ezequiel habló, el aliento entró en ellos. Lo que antes era un montón de huesos secos y muertos se convirtió ahora en un ejército enorme, resucitado, vivo y respirando. La palabra de Dios, pronunciada por su profeta, trajo de nuevo a la vida esos huesos quebradizos marcados por la muerte. La muerte fue vencida por la palabra de Dios.

Éramos como los huesos muertos en ese valle desolado. Y no solo un poco muertos, sino completamente muertos. Estábamos tan lejos de la vida como esos huesos secos y quebradizos, volviéndose polvo. El apóstol Pablo escribe: «Y él les dio vida a ustedes, que estaban muertos en sus delitos y pecados, en los cuales anduvieron en otro tiempo según la corriente de este mundo, conforme al príncipe de la potestad del aire, el espíritu que ahora opera en los hijos de desobediencia... Pero Dios, que es rico en misericordia, por causa del gran amor con que nos amó, aun cuando estábamos muertos en nuestros delitos, nos dio vida juntamente con Cristo (por gracia ustedes han sido salvados)» (Efesios 2:1-2, 4-5).

Así como la Palabra de Dios devolvió la vida a esos huesos secos, también nos da vida a nosotros en el bautismo. La Palabra nos vuelve a la vida. Nuestros huesos resecos son hidratados por el agua y la Palabra de Dios en el bautismo.

Un milagro ocurre cuando somos resucitados en este sacramento. El aliento del Espíritu Santo entra en el bautizado, y el Señor toma nuestro corazón de piedra y nos da un corazón de carne.[89] El bautismo nos saca del valle reseco de los huesos secos y nos lleva a los verdes pastos del Salmo 23.

La vida bautismal es una vida nueva, hidratada por la Palabra de Dios y el don del Espíritu Santo. Al volver cada día a nuestro bautismo con arrepentimiento, recordamos la promesa del Señor: «... sino que los libraré de todos los lugares en que pecaron y los limpiaré. Y ellos serán mi pueblo y yo seré su Dios» (Ezequiel 37:23).

---

[89] Ezequiel 36:26.

Nuestro bautismo no es una obra en la que reunimos suficiente fe y compromiso para probar nuestra lealtad al Señor. El bautismo es obra únicamente del Señor, quien nos devuelve a la vida con agua y Palabra, en el nombre del Padre, del Hijo y del Espíritu Santo. Es un don lleno de gracia que recibimos mientras nuestros huesos muertos vuelven a la vida por medio del perdón de los pecados. Nuestro Señor permanece con su Iglesia cristiana —un ejército inmensamente grande de santos bautizados— para guiarnos por el valle de sombra de muerte hacia la vida eterna y la resurrección de los muertos.

Padre celestial, tú nos has bautizado y nos has colocado al cuidado de tu Iglesia. Nos has dado el don de tu Espíritu Santo. Santifícanos mientras nos aferramos a las promesas que nos has regalado en el bautismo. Guárdanos seguros en el arca de Cristo y de tu Iglesia, para que podamos llegar con seguridad a las orillas de la resurrección, donde finalmente veremos con nuestros propios ojos el cumplimiento de todas tus promesas. Amén.

PARA SEGUIR REFLEXIONANDO, LEE EZEQUIEL 37:1-28.

Nuestro gran sumo sacerdote

JOSUÉ ESTABA VESTIDO DE ROPAS SUCIAS, EN PIE DELANTE DEL ÁNGEL. Y ESTE HABLÓ, Y DIJO A LOS QUE ESTABAN DELANTE DE ÉL: «QUÍTENLE LAS ROPAS SUCIAS». Y A ÉL LE DIJO: «MIRA, HE QUITADO DE TI TU INIQUIDAD Y TE VESTIRÉ CON ROPAS DE GALA».

—Zacarías 3:3-4

Cuando Israel regresó de su cautiverio en Babilonia, Zacarías fue profeta en medio del pueblo de Dios. Llamó al pueblo del Señor al arrepentimiento y lo animó a reconstruir el templo. Entre los escritos del profeta Zacarías se registran ocho visiones. La cuarta presenta una escena impactante que involucra a Satanás, al ángel del Señor y a Josué, el sumo sacerdote.

La visión comienza con Satanás, el acusador, listo para lanzar sus acusaciones contra Josué, el sumo sacerdote.

Josué, vestido con ropas sucias, no dice ni una palabra. Pero el ángel del Señor toma la palabra y reprende a Satanás.

El ángel ordena entonces que se le quiten las ropas sucias a Josué y que lo vistan con vestiduras limpias y una mitra nueva. Luego le dice: «Mira, he quitado de ti tu iniquidad y te vestiré con ropas de gala» (Zacarías 3:4).

Como sumo sacerdote, Josué representaba a todo el pueblo de Israel. Las vestiduras del sumo sacerdote eran sagradas, tejidas con gran detalle, e incluían un pectoral con los nombres de las doce tribus de Israel. Su labor era interceder por el pueblo y ofrecer sacrificios en el templo para expiar el pecado.

Sin embargo, Josué no aparece en la visión con sus vestiduras sacerdotales reales, sino vestido con ropas sucias. Está cubierto con los pecados de Israel. El profeta Isaías escribe: «Todos nosotros somos como el inmundo, y como trapo de inmundicia todas nuestras obras justas. Todos nos marchitamos como una hoja, y nuestras iniquidades, como el viento, nos arrastran» (Isaías 64:6).

Esta visión de Zacarías anticipa la obra de nuestro gran sumo sacerdote en el bautismo. Nuestro gran sumo sacerdote lleva el mismo nombre: Josué, que en griego es Jesús. Como nuestro gran sumo sacerdote, Jesús intercede por nosotros. No ofrece sacrificios de animales en el templo; él mismo, el Cordero santo de Dios, entrega su vida como sacrificio. Él mismo es la expiación por nuestros pecados.

Zacarías continúa con las palabras del Señor: «... yo voy a traer a mi siervo, el Renuevo... y quitaré la iniquidad de esta tierra en un solo día» (Zacarías 3:8, 9). Ese retoño es Cristo, quien quitaría la iniquidad del mundo entero en un solo día. Jesús, el retoño, quitó nuestra iniquidad al colgar del madero de su cruz. Cuando exclamó: «Consumado es» (Juan 19:30, RVC), hizo callar a nuestro acusador.

Nuestro Josué toma sobre sí nuestras vestiduras sucias y nos entrega sus vestiduras puras en el bautismo. El apóstol Pablo escribe: «porque todos los que fueron bautizados en Cristo, de Cristo se han revestido» (Gálatas 3:27). En el bautismo, ocurre este gran intercambio. El teólogo Robert Farrar Capon describe el bautismo así:

> «En el bautismo somos revestidos, de una vez por todas, con un perdón tejido para nosotros por la muerte y resurrección de Jesús».[90]

En el bautismo, Jesús interrumpe las acusaciones de Satanás contra nosotros y las redirige hacia el Calvario. Nuestro pecado ha sido pagado por completo. Nuestra culpa ha sido quitada por medio del agua y la Palabra de Dios. Nuestras vestiduras sucias han sido retiradas y ahora estamos revestidos de Cristo. Pertenecemos a Cristo, y Satanás ya no puede acusarnos. ¡Estamos bautizados en Cristo!

---

[90] Robert Farrar Capon, *Kingdom, Grace, Judgment: Paradox, Outrage, and Vindication in the Parables of Jesus.* William B. Eerdmans Publishing Company, 2002, p. 297.

Padre celestial, tú nos has bautizado y nos has colocado al cuidado de tu iglesia. Nos has dado el don de tu Espíritu Santo. Santifícanos mientras nos aferramos a las promesas que nos has regalado en el bautismo. Guárdanos seguros en el arca de Cristo y de tu Iglesia, para que podamos llegar con seguridad a las orillas de la resurrección, donde finalmente veremos con nuestros propios ojos el cumplimiento de todas tus promesas. Amén.

PARA SEGUIR REFLEXIONANDO, LEE ZACARÍAS 3:1-10.

Ungidos

AHORA BIEN, EL QUE NOS CONFIRMA
CON USTEDES EN CRISTO Y EL QUE NOS UNGIÓ,
ES DIOS, QUIEN TAMBIÉN NOS SELLÓ
Y NOS DIO EL ESPÍRITU EN NUESTRO CORAZÓN
COMO GARANTÍA.

—2 Corintios 1:21-22

El Señor apartó a sus escogidos en el Antiguo Testamento por medio de la unción. Sacerdotes, reyes y profetas eran buscados por el Señor para ser ungidos con aceite. Era un acto tangible e histórico que no dejaba duda alguna de que esa persona había sido consagrada al Señor.

En la Segunda carta a los Corintios, el apóstol Pablo profundiza en nuestra unción. Escribe que hemos sido ungidos por Dios. Se nos ha puesto un sello y se nos ha dado su Espíritu. ¿Pero cómo sucede esto?

Todo esto ocurre por medio del agua y de la Palabra de Dios en el bautismo. En este acto somos apartados y buscados por el Señor, y ungidos, no con aceite, sino con agua y su Palabra. Aquí, Dios nos unge y nos establece en Cristo. El Espíritu nos es dado en el bautismo como garantía de nuestra salvación.

En nuestro bautismo también tenemos un acto tangible e histórico por medio del cual somos consagrados al Señor como sus santos amados, como hijos muy queridos de nuestro Padre celestial. El Señor nos buscó en el bautismo para darnos sus dones. Se nos ha dado el bautismo como un hecho concreto y real al que podemos mirar y saber que pertenecemos a Cristo, que nuestros pecados han sido perdonados, y que resucitaremos con todos los santos en la resurrección.

El Espíritu que nos ha sido dado nos ancla firmemente en las aguas bautismales, mientras él exalta a Cristo y su obra a nuestro favor. Jesús dice del Espíritu: «Cuando venga el Consolador, a quien yo enviaré del Padre, es decir, el Espíritu de verdad que procede del Padre, él dará testimonio de mí» (Juan 15:26).

El Espíritu nos ha sido dado como garantía de que nuestros pecados han sido perdonados. Él da testimonio de que Jesús recibió el castigo por nuestro pecado al colgar del árbol de la vida por nosotros. El Espíritu nos recuerda nuestro bautismo, donde recibimos los frutos del trabajo de Jesús. Por medio del agua salvadora y la Palabra, somos establecidos en aquel que es la Resurrección y la Vida. El Espíritu garantiza que la justicia de Cristo nos ha sido dada, y que nuestro pecado permanece sepultado y olvidado en su tumba.

El apóstol Pablo escribe: «No obstante, el sólido fundamento de Dios permanece firme, teniendo este sello: "El Señor conoce a los que son suyos", y: "Que se aparte de la iniquidad todo aquel que menciona el nombre del Señor"» (2 Timoteo 2:19). Tenemos ese sello sobre nosotros en nuestro bautismo. Somos conocidos por nuestro Señor, y nuestro buen Pastor nos llama por nuestro nombre.

En el bautismo, la Trinidad nos toma y coloca su sello sobre nosotros. Cuando las olas de la duda nos amenacen, podemos mirar hacia nuestro bautismo, ese evento histórico en nuestras vidas, en el que la santa Trinidad nos llamó por nuestro nombre y nos unió a Cristo.

A la luz de esto, podemos proclamar con valentía: «¡Estoy bautizado!». Hemos sido ungidos en las aguas del bautismo y podemos encontrar seguridad en esta unción acuosa. Podemos consolarnos en las palabras del Señor dadas por medio del profeta Isaías:

> Mas ahora, así dice el Señor tu Creador, oh Jacob, y el que te formó, oh Israel: «No temas, porque yo te he redimido, te he llamado por tu nombre; mío eres tú» (Isaías 43:1).

Jesús ha cumplido todo para nuestra redención. Nos ha llamado por nuestro nombre y nos ha hecho suyos por medio de este bendito regalo del bautismo. Jesús ha quitado nuestro pecado y nos ha dado su vida y su justicia. Somos suyos. No queda nada por hacer. Todo es un regalo misericordioso del Padre, del Hijo y del Espíritu Santo.

Padre celestial, tú nos has bautizado y nos has colocado al cuidado de tu Iglesia. Nos has dado el don de tu Espíritu Santo. Santifícanos mientras nos aferramos a las promesas que nos has regalado en el bautismo. Guárdanos seguros en el arca de Cristo y de tu Iglesia, para que podamos llegar con seguridad a las orillas de la resurrección, donde finalmente veremos con nuestros propios ojos el cumplimiento de todas tus promesas. Amén.

PARA SEGUIR REFLEXIONANDO, LEE EFESIOS 1:1-23.

El río de la vida

PERO UNO DE LOS SOLDADOS LE ABRIÓ EL COSTADO CON UNA LANZA, Y AL INSTANTE LE BROTÓ SANGRE Y AGUA (RVC).

—Juan 19:34

Juan comienza su evangelio tal como comienza el libro de Génesis. A diferencia de los Evangelios de Mateo, Marcos y Lucas, no inicia con el nacimiento de Cristo ni con una genealogía que conduzca a él. En cambio, va más atrás, hasta el principio, hasta la creación.

> En el principio ya existía el Verbo, y el Verbo estaba con Dios, y el Verbo era Dios. Él estaba en el principio con Dios. Todas las cosas fueron hechas por medio de él, y sin él nada de lo que ha sido hecho, fue hecho (Juan 1:1-3).

Juan entreteje la narrativa del Génesis en la estructura misma de su evangelio. Desde el inicio, establece que

Jesús es la Palabra del Padre. Por medio de Jesús, todas las cosas fueron creadas.

Cuando Juan narra la pasión de nuestro Señor, no se aparta de esa estructura creacional. Es, de hecho, el evangelista que más espacio dedica a los detalles de la muerte de Jesús. Sin embargo, incluso en la muerte, Jesús sigue siendo el medio por el cual todas las cosas son hechas nuevas.

El apóstol Juan tiene una perspectiva única al recordar la muerte de Jesús. Mientras todos los discípulos huyeron cuando Jesús fue arrestado en el huerto, Juan permaneció junto a la madre de Jesús y fue testigo directo de la crucifixión. Y es allí, desde ese testimonio ocular en el Calvario, que Juan registra este detalle pequeño, aparentemente insignificante: «Pero uno de los soldados le abrió el costado con una lanza, y al instante le brotó sangre y agua» (Juan 19:34, RVC).

Cuando Jesús cayó en el profundo sueño de la muerte, después de consumar la obra de nuestra salvación, un soldado romano le abrió el costado. De su costado fluyó su sangre del nuevo pacto y el agua bautismal.

Jesús es la misma Palabra de Dios por medio de la cual todo fue creado. Así como Dios habló en la creación y la tierra y todo lo que hay en ella llegó a existir, hubo una excepción: Adán y Eva. La Trinidad estaba presente cuando Adán fue formado del polvo de la tierra, y Dios sopló aliento de vida en él.

Luego, Dios hizo que Adán cayera en un sueño profundo y, de su costado, formó a Eva.[91]

El apóstol Pablo, en sus cartas, se refiere con frecuencia a Cristo como el segundo Adán,[92] y a la Iglesia como la esposa de Cristo.[93] Así como la esposa de Adán fue formada de su costado, así también la Iglesia nace del costado del segundo Adán: Cristo. Como cristianos, se nos da vida desde su costado, de donde brotaron sangre y agua.

Nada es hecho sin Cristo. En el bautismo, la Palabra nos vuelve a crear a su imagen perfecta. Somos unidos a nuestro Señor y recibimos vida de las aguas bautismales que fluyeron de su costado traspasado. Somos renacidos a medida que este río bautismal lava nuestros pecados y nos une con Cristo, que es nuestra nueva vida.

Padre celestial, tú nos has bautizado y nos has colocado al cuidado de tu Iglesia. Y para ello nos has dado el precioso don de tu Espíritu Santo. Santifícanos, pues, mientras nos aferramos a las promesas que nos has regalado en el santo bautismo. Guárdanos seguros en el arca de Cristo y de tu Iglesia, para que podamos llegar con seguridad a las orillas de la resurrección, donde

[91] Génesis 2:7, 21-22.

[92] Romanos 5:1517. 1 Corintios 15:47-49.

[93] Efesios 5:25-27.

finalmente veremos con nuestros propios ojos el fiel cumplimiento de todas tus promesas. Amén.

**PARA SEGUIR REFLEXIONANDO,
LEE APOCALIPSIS 22:1-5.**

Confianza bautismal

AL OÍR ESTO, CONMOVIDOS PROFUNDAMENTE, DIJERON A PEDRO Y A LOS DEMÁS APÓSTOLES: «HERMANOS, ¿QUÉ HAREMOS?». ENTONCES PEDRO LES DIJO: «ARREPIÉNTANSE Y SEAN BAUTIZADOS CADA UNO DE USTEDES EN EL NOMBRE DE JESUCRISTO PARA PERDÓN DE SUS PECADOS, Y RECIBIRÁN EL DON DEL ESPÍRITU SANTO».

—Hechos 2:37-38

Pedro nunca parecía quedarse sin palabras. A menudo, era impulsivo y siempre tenía algo que decir. En el momento de la transfiguración de Jesús, fue Pedro quien habló primero, aun sin saber lo que decía.[94] Y después del arresto de Jesús, cuando le preguntaron si lo conocía, Pedro no guardó silencio. Negó con firmeza

[94] Lucas 9:33.

a su Señor tres veces, aunque antes había declarado con valentía: «Aunque tenga que morir junto a ti, jamás te negaré» (Mateo 26:35).

Aunque Pedro negó a su Señor tres veces, también fue él quien primero confesó con confianza que Jesús era el Hijo de Dios:

> Simón Pedro respondió: «Tú eres el Cristo, el Hijo del Dios viviente». Entonces Jesús le dijo: «Bienaventurado eres, Simón, hijo de Jonás, porque esto no te lo reveló carne ni sangre, sino mi Padre que está en los cielos (Mateo 16:16-17).

Jesús elogió la confesión de Pedro y lo bendijo. Luego declaró que sobre esa roca —la confesión de Pedro— edificaría su Iglesia.[95] Pero solo unos versículos después, Pedro volvió a hablar, y esta vez recibió una de las reprensiones más severas del Señor:

> Pero volviéndose él, dijo a Pedro: «¡Quítate de delante de mí, Satanás! Me eres piedra de tropiezo; porque no estás pensando en las cosas de Dios, sino en las de los hombres» (Mateo 16:23).

Pedro vaciló. Y mientras Jesús predecía su negación, le dijo: «Pero yo he rogado por ti para que tu fe no falle...» (Lucas 22:32). Jesús sabía que Pedro caería, pero su fe no falló... porque Jesús no falló.

---

[95] Mateo 16:18.

La fe de Pedro no dependía de sus acciones, pensamientos ni sentimientos. La fe de Pedro venía de fuera de sí mismo. Su fe es Jesús. Y esa fe le fue dada como un regalo, revelada por su Padre que está en el cielo.

Avanzando al día de Pentecostés, Pedro volvió a hablar. Esta vez, sin embargo, no negó a su Señor ni vaciló, sino que proclamó con valentía el evangelio. Mientras recorría las Escrituras del Antiguo Testamento, Pedro anunció la buena noticia de Jesús.

Después del sermón de Pedro, la multitud se sintió profundamente conmovida. Preguntaron qué debían hacer para ser salvos. Pedro sabía que no debía dirigirlos hacia adentro, hacia sus obras o su fuerza. En lugar de eso, los señaló hacia aquel que nunca vacila.

Pedro guio a la multitud arrepentida hacia las aguas del bautismo. Los dirigió al lugar donde recibirían el perdón de todos sus pecados y el don del Espíritu Santo.

Nuestra confianza no proviene de cuán fuerte es nuestro sentimiento. Nuestra confianza está en la identidad que se nos ha dado en el bautismo. Es allí donde Jesús ha prometido estar para nosotros. Por medio del agua y la Palabra, recibimos el perdón y la fe por la obra del Espíritu Santo, independientemente de nuestras obras.

Somos hijos perdonados y amados de nuestro Padre celestial por causa de Cristo. Nuestra fe no fallará porque Jesús no ha fallado. Nuestro pecado ha sido sepultado con Cristo. Él ha vencido a nuestros enemigos y ha resucitado. Por medio del bautismo, hemos recibido el don del Espíritu Santo, quien ha prometido sostenernos en esta fe, en Cristo.

Padre celestial, tú nos has bautizado y nos has colocado al cuidado de tu Iglesia. Nos has dado el don de tu Espíritu Santo. Santifícanos mientras nos aferramos a las promesas que nos has regalado en el bautismo. Guárdanos seguros en el arca de Cristo y de tu Iglesia, para que podamos llegar con seguridad a las orillas de la resurrección, donde finalmente veremos con nuestros propios ojos el cumplimiento de todas tus promesas. Amén.

PARA SEGUIR REFLEXIONANDO, LEE HECHOS 2:14-41.

Una bendición acuosa

«EL SEÑOR TE BENDIGA Y TE GUARDE;
EL SEÑOR HAGA RESPLANDECER SU ROSTRO
SOBRE TI, Y TENGA DE TI MISERICORDIA;
EL SEÑOR ALCE SOBRE TI SU ROSTRO,
Y TE DÉ PAZ». ASÍ INVOCARÁN MI NOMBRE
SOBRE LOS ISRAELITAS, Y YO LOS BENDECIRÉ.

—Números 6:24-27

En el Antiguo Testamento, Dios pone continuamente su nombre sobre su pueblo. Cada vez que lo hace, el Señor está haciendo una promesa: bendecir a quienes llevan su nombre santo y velar por su bien. Aquellos marcados con el nombre del Señor tienen un Dios, como escribió el profeta Nehemías, que es «un Dios de perdón, clemente y compasivo, lento para la ira y abundante en misericordia» (Neh 9:17).

En el libro de Éxodo, después de dar los Diez Mandamientos, el Señor le hace esta promesa a su pueblo:

> Yo vendré y los bendeciré en todo lugar donde yo haga que mi nombre sea recordado (Ex 20:24, RVC).

Al concluir la construcción del tabernáculo, el Señor instruyó a Aarón y a sus hijos —los sacerdotes— respecto a cómo debían bendecir al pueblo:

> Entonces el Señor dijo a Moisés: «Habla a Aarón y a sus hijos, y diles: "Así bendecirán a los israelitas. Les dirán: el Señor te bendiga y te guarde; el Señor haga resplandecer su rostro sobre ti, y tenga de ti misericordia; el Señor alce sobre ti su rostro, y te dé paz". Así invocarán mi nombre sobre los israelitas, y yo los bendeciré» (Números 6:22-27).

Esta bendición es unilateral: todo proviene libremente de Dios hacia su pueblo. No exige nada de ellos, pero les da todo. Es una bendición triple de dones y promesas de parte de un Dios trino que ha regalado su nombre a su pueblo.

En las aguas del bautismo hemos recibido esa triple bendición del Dios trino que se deleita en dar gratuitamente. En el santo bautismo recibimos el nombre trinitario de Dios puesto sobre nosotros. En el Evangelio de Mateo, Jesús instruye a sus discípulos sobre cómo colocar su nombre sobre los santos: «Vayan, pues, y hagan discípulos de todas las naciones, bautizándolos en el nombre del Padre y del Hijo y del Espíritu Santo» (Mt 28:19).

No se requiere de obras ni siquiera de fe de nuestra parte para el bautismo. Solo hay dones dados libremente por nuestro Señor a nosotros. Nuestro Señor se encargará de que todos los que llevan su nombre sean bendecidos por él.

Como nuestro gran sumo sacerdote, Jesús levantó sus manos para bendecirnos. Extendió sus manos para bendecirnos cuando fue colgado en la cruz por nuestro pecado. Jesús, nuestro gran sumo sacerdote, nos bendice con el perdón de todos nuestros pecados. El rostro del Padre resplandece sobre nosotros, incluso mientras Jesús es abandonado al cargar con nuestro pecado.

Al recibir el nombre de Dios en el bautismo, recibimos todo lo que nuestro Señor Jesús ganó para nosotros. El Señor nos bendice y nos guarda en Cristo. Su rostro resplandece sobre nosotros y nos concede gracia al declararnos justos por causa de Cristo. El rostro de nuestro Padre celestial brilla sobre nosotros al hacernos sus hijos amados. Tenemos paz, la paz del perdón de los pecados, al ser lavados con agua y su Palabra.

Padre celestial, tú nos has bautizado y nos has colocado al cuidado de tu Iglesia. Nos has dado el don de tu Espíritu Santo. Santifícanos mientras nos aferramos a las promesas que nos has regalado en el bautismo. Guárdanos seguros en el arca de Cristo y de tu Iglesia, para que podamos llegar con seguridad a las orillas de la resurrección, donde finalmente veremos con nuestros propios ojos el cumplimiento de todas tus promesas. Amén.

PARA SEGUIR REFLEXIONANDO, LEE EL SALMO 121.

Apéndice

ORACIONES BAUTISMALES

Oración bautismal diaria

Padre celestial, con agua común y tu santa Palabra nos has lavado de nuestros pecados y nos has hecho tus hijos. Mata cada día en nosotros nuestra vieja naturaleza pecaminosa. Has perdonado nuestro pecado y nos has unido con Cristo, nuestro Señor, en el diluvio del santo bautismo. Allí nos has llamado por nuestro nombre y has prometido estar con nosotros. Permanece con nosotros y consérvanos en la fe que, por gracia, nos has dado mediante tu Espíritu Santo. Amén.

Oración bautismal matutina

Padre celestial, al comenzar este día que tú has preparado para nosotros, acompáñanos. Recuérdanos hoy todas tus promesas como hijos tuyos bautizados. Has puesto tu nombre sobre nosotros y has prometido ir con nosotros. Perdona nuestros pecados. Consérvanos en la fe bautismal que nos has dado por medio de tu Espíritu Santo. Amén.

Oración bautismal vespertina

Padre celestial, guárdanos y protégenos esta noche mientras descansamos del trabajo del día. En el bautismo nos has dado el descanso y la paz del perdón de los pecados y la vida eterna. Perdona nuestros pecados y, por medio de tu Espíritu Santo, consérvanos en este descanso bautismal eterno. Has puesto tu santo nombre sobre nosotros y has prometido estar siempre con nosotros. Consuélanos siempre con tus promesas bautismales por medio de Jesucristo, nuestro Señor. Amén.

Oración para el aniversario bautismal

Padre celestial, en este día me marcaste como tuyo. Por medio de mi bautismo me diste la bienvenida a tu familia. Has quitado mis tinieblas y me has dado la luz de Cristo, mi Señor. Perdóname cuando me desvío y condúceme siempre de regreso a las aguas tranquilas del bautismo. Me has llamado por mi nombre y has puesto tu nombre sobre mí, para que me aferre a tus promesas: el perdón de los pecados, la resurrección del cuerpo y la vida eterna en Cristo. Guárdame, por tu Espíritu Santo, en la fe que me has dado en el bautismo. Amén.

8 PREGUNTAS Y RESPUESTAS SOBRE EL BAUTISMO

1) ¿Por qué debo ser bautizado?

Jesús le dijo a Nicodemo: «En verdad te digo que el que no nace de agua y del Espíritu no puede entrar en el reino de Dios»

(Juan 3:5). En el libro de los Hechos, el apóstol Pedro exhorta a la multitud: «Arrepiéntanse y sean bautizados cada uno de ustedes en el nombre de Jesucristo para perdón de sus pecados, y recibirán el don del Espíritu Santo» (Hechos 2:38).

En el regalo del bautismo, recibimos el perdón de los pecados y el don del Espíritu Santo. Somos unidos a Cristo y se nos da una nueva vida en el bautismo (2 Corintios 5:17). No somos bautizados porque sea una obra que debamos hacer para probar nuestra fe o compromiso con Cristo; ¡el bautismo es un regalo de vida y perdón que se nos da gratuitamente!

2) ¿Importa cuánta agua se use?

Jesús dijo: «Vayan, pues, y hagan discípulos de todas las naciones, bautizándolos en el nombre del Padre y del Hijo y del Espíritu Santo, enseñándoles a guardar todo lo que les he mandado; y ¡recuerden! Yo estoy con ustedes todos los días, hasta el fin del mundo» (Mateo 28:19-20).

Jesús solo nos mandó a bautizar en el nombre del Padre, del Hijo y del Espíritu Santo. Las Escrituras no especifican cuánta agua debe usarse. Por lo tanto, somos libres de usar cualquier cantidad de agua. La Palabra es el agente que actúa en el bautismo. A través de la Palabra unida al agua, recibimos el perdón de los pecados, la vida y la salvación. El apóstol Pedro escribe: «Pues han nacido de nuevo, no de una simiente corruptible, sino de una que es incorruptible, es decir, mediante la palabra de Dios que vive y permanece» (1 Pedro 1:23).

3) ¿Quién puede ser bautizado?

El apóstol Pedro dice en el libro de los Hechos: «Porque la promesa es para ustedes y para sus hijos y para todos los que están lejos, para tantos como el Señor nuestro Dios llame» (Hch 2:39). Cuando Jesús instituyó el sacramento del santo bautismo, dijo a sus discípulos que bautizaran a todas las naciones (Mt 28:19).

Jesús reprendió a sus discípulos cuando intentaron impedir que los niños se acercaran a él, diciendo: «Dejen a los niños, y no les impidan que vengan a mí, porque de los que son como estos es el reino de los cielos» (Mateo 19:14).

Las Escrituras son claras: cualquier persona debe ser bautizada y recibir este regalo de perdón y unión con Cristo. Como el bautismo es obra de Dios y no nuestra, cualquier persona, sin importar su nivel de comprensión, puede recibir este don.

4) ¿Es Jesús quien salva o es el bautismo el que me salva?

¡Sí! Solo Jesús salva, y esta salvación nos es entregada por medio del bautismo. El apóstol Pedro escribe del «... el bautismo ahora los salva a ustedes...» (1 Pedro 3:21). El apóstol Pablo, en su carta a Tito, declara: «Él nos salvó, no por las obras de justicia que nosotros hubiéramos hecho, sino conforme a su misericordia, por medio del lavamiento de la regeneración y la renovación por el Espíritu Santo, que él derramó sobre nosotros abundantemente por medio de Jesucristo nuestro Salvador» (Tito 3:5-6).

Por medio del bautismo, somos salvos al ser unidos con Cristo, nuestro Salvador.

5) ¿Necesito ser rebautizado?

El apóstol Pablo nos declara: «Hay un solo cuerpo y un solo Espíritu, así como también ustedes fueron llamados en una misma esperanza de su vocación; un solo Señor, una sola fe, un solo bautismo» (Efesios 4:4-5).

Dado que el bautismo es obra exclusiva de Dios y no depende de nuestra fe, obras o comprensión, no necesitamos ser rebautizados. Cuando somos bautizados en el nombre del Padre, del Hijo y del Espíritu Santo, somos perdonados, unidos con Cristo y hechos hijos de Dios. Nuestro Señor promete que, al ser bautizados, estará con nosotros siempre (Mateo 28:20). Y él cumple sus promesas.

6) Una vez que soy bautizado, ¿puedo apartarme?

El bautismo es una identidad. ¡Somos bautizados! Podemos apartarnos a causa del pecado diario y vivir como si no lo fuéramos. Pero por la obra del Espíritu Santo también somos llamados al arrepentimiento y regresamos a las promesas recibidas en nuestro bautismo. El apóstol Pablo nos recuerda que en el bautismo Dios «... nos salvó, no por las obras de justicia que nosotros hubiéramos hecho, sino conforme a su misericordia...» (Tito 3:5).

7) ¿Qué pasa si tengo dudas?

Cuando tenemos dudas, oramos a nuestro Padre celestial como lo hizo el padre del niño en el Evangelio de Marcos: «¡Creo! Ayúdame en mi incredulidad» (Marcos 9:24, RVC). En el bautismo, recibimos el don del Espíritu Santo (Hechos 2:38).

El apóstol Pablo escribe: «Han recibido el espíritu de adopción, por el cual clamamos: "¡Abba, Padre!". El Espíritu mismo da testimonio a nuestro espíritu, de que somos hijos de Dios» (Romanos 8:1516, RVC). Cuando surjan dudas, miramos al nombre en el cual fuimos bautizados. Hemos sido bautizados en el nombre de nuestro Padre celestial, del Hijo de Dios que nos redimió y del Espíritu Santo que nos fue dado para testificar estas verdades.

8) ¿Cómo sé que soy salvo? ¿Cómo puedo estar seguro?

El bautismo nos une a la muerte y resurrección de Jesús. El apóstol Pablo escribe: «¿O no saben ustedes que todos los que hemos sido bautizados en Cristo Jesús, hemos sido bautizados en su muerte? Por tanto, hemos sido sepultados con él por medio del bautismo para muerte, a fin de que como Cristo resucitó de entre los muertos por la gloria del Padre, así también nosotros andemos en novedad de vida» (Romanos 6:3-4).

¡Podemos estar seguros de nuestra salvación y del perdón porque hemos sido bautizados en Cristo! Hemos sido marcados con agua y con la Palabra resucitada. Nuestro Señor ha quitado nuestro pecado con su muerte y nos ha revestido con su justicia. Estamos perdonados y, para darnos certeza y consuelo, nuestro Señor nos dio este bendito regalo del santo bautismo.

www.ingramcontent.com/pod-product-compliance
Lightning Source LLC
LaVergne TN
LVHW091147080826
845145LV00008B/2284

* 9 7 8 1 9 6 4 4 1 9 8 9 3 *